淘宝网店运营指南

6个月升级金牌卖家

孔斌国际网校◎著

人民邮电出版社
北京

图书在版编目（CIP）数据

淘宝网店运营指南 ：6个月升级金牌卖家 / 孔斌国际网校著. -- 北京 ：人民邮电出版社，2016.8（2017.2重印）
ISBN 978-7-115-42933-9

Ⅰ. ①淘… Ⅱ. ①孔… Ⅲ. ①电子商务－商业经营－中国－指南 Ⅳ. ①F724.6-62

中国版本图书馆CIP数据核字(2016)第144227号

内容提要

金牌卖家是淘宝官方授予淘宝卖家的至高荣誉，成为金牌卖家意味着卖家经营的淘宝网店能够获得更多的客户流量与商品销量。但开淘宝网店的人千千万，卖家如何才能成为金牌卖家，使自己的店铺在同类店铺中脱颖而出，获得更高的收益呢？

本书详解了淘宝卖家应该怎样运营店铺、推广产品，如何通过SEO、促销、会员等方法达到淘宝金牌卖家的所有条件，顺利升级金牌卖家，并持续保有这个称号。

本书语言简练，案例真实，技巧实用。如果你刚刚入驻淘宝平台，还是位新卖家；如果你的淘宝网店半死不活，正在等待店铺销量出现转机；如果你想升级成为淘宝金牌卖家，获得更高的收益，那么，这本书正是你所需要的。

◆ 著 孔斌国际网校
责任编辑 张国才
执行编辑 董晓茜
责任印制 焦志炜
◆人民邮电出版社出版发行　　北京市丰台区成寿寺路 11 号
邮编 100164　　电子邮件 315@ptpress.com.cn
网址 http://www.ptpress.com.cn
三河市海波印务有限公司印刷
◆开本：880×1230　1/32
印张：6.5　　2016 年 8 月第 1 版
字数：108 千字　　2017 年 2 月河北第 4 次印刷

定　价：45.00 元

读者服务热线：（010）81055656　印装质量热线：（010）81055316

反盗版热线：（010）81055315

广告经营许可证：京东工商广字第 8052 号

前言

当创业的热潮打响，互联网时代真正来临时，人人都有成功创业的可能。淘宝就像一个金矿，人人都想从这个金矿中大赚一笔，然而数千万的流水看似容易，其实竞争非常残酷，如果你只是听别人说淘宝如何赚钱，就因此踏入了淘宝的大门进行创业，恐怕最终也只能乘兴而来，败兴而归。多少淘宝卖家为了订单折戟沉沙，不惜去刷单、去弄虚作假，但这样的卖家要么被举报，要么被封店，最终不得不放弃经营；当然也有很多人掌握了经营的方法，最终在淘宝界成功掘金。本书的初衷便是帮助想让淘宝网店月入百万的有志之士更加接近自己的梦想。

本书的三位作者都有多年的电商实战经验，经历过失败，遇到过困惑，也进行过探索，最终在淘宝取得了成功。当我们三人碰到一起时，总会谈论一件事，就是如何将自己的成功经验和经营淘宝网店的方法与技巧告诉那些想经营好淘宝网店的人，让大家少走弯路，并在最短的时间内成为金牌卖家。因此当我们在写作本书时，主要考虑从以下三方面组织内容。

要讲实操实战的方法。什么是实操实战？说到底就是实用。比如打造爆款，从选品、策划到活动开始，必须讲一些经过实践检验的打造爆款的方法。我们在写作过程中，特别注意到了方法的有效性，希望用有效的方法帮助读者经营淘宝网店。

要切实能帮助到读者。这一点是我们重点考虑的，并且在这一点上我们也有很多优势。我们都有着多年的电商实战经验，更有多年的培训经历，知道经营好一家淘宝网的重点在哪儿，因此在推广、优化和打造爆款等方面我们进行了重点叙述，如果读者能掌握这些内容就相当于成功了一大半。

要方便读者阅读理解。我们时刻提醒自己，要说大家听得懂的话，要写大家看得懂的内容，同时在讲解中配以大量图片，这样既活泼了版面，也更便于读者理解。

也许有人会问，现在进入淘宝是否已经太迟，我们想说的是，只要你想做，永远不怕晚。淘宝不是一个先来有肉后来喝汤的平台，它是一个只要你有创意、有个性、有方法，就能占有一席之地的平台。

这里没有先来为王，只有适者生存，优者胜出！

我们所编写的这本书，能助你实现自己的创业梦，并向着成为百万富翁的理想更进一步。如果你还没放弃自己的梦想，那么就从这本书开始吧，它一定能提高你的开店水平，并让你知道那些你还尚未习得的开店技巧和成为常驻金牌卖家的秘诀。

目 录

第1章

金牌卖家的申请条件和特权

金牌卖家资质是淘宝网授予淘宝卖家的一种荣誉。一般来说，在某一时间段内，某个店铺的商品好、服务好、口碑好，那么该店铺就会被淘宝网授予金牌卖家资质。对淘宝网来说，金牌卖家评选是一种激励手段；而对淘宝卖家来说，拥有金牌卖家资质能够提高买家对店铺的信任度。

1.1　金牌卖家的申请条件和注意事项

当淘宝卖家符合金牌卖家的各项条件时，淘宝网就会授予其金牌卖家资质。金牌卖家的考核周期为每月的 1 日至 15 日和每月 16 日至每月最后一个自然日，生效期同样为每月 1 日至 15 日和每月 16 日至每月最后一个自然日。获得金牌专家资质的淘宝网店，如果在之后的考核周期内依然合格，便可保持金牌卖家资质；否则会被取消金牌卖家资质。

1.1.1　金牌卖家的申请条件

要想获得金牌卖家资质，淘宝卖家必须符合金牌卖家店铺运营各项指标的要求，具体包括通用指标（开店时长、信用等级、违规扣分等）和类目指标（好评率、DSR、成交额等）。在淘宝网卖家中心页面中的“服务中心”项目下有对各项指标的详细介绍（见图 1-1）。这里仅对通用指标和类目指标做简单的介绍。

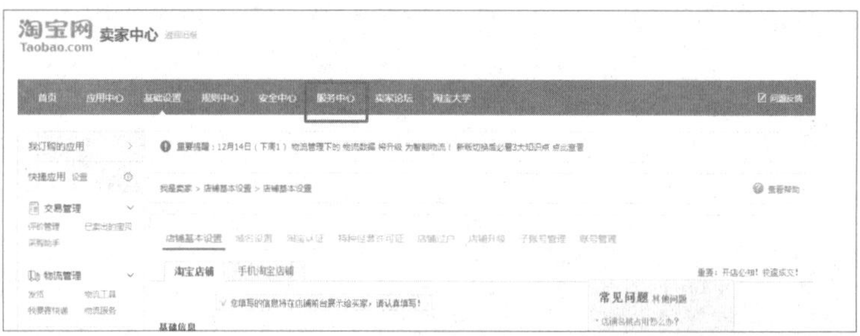

图 1-1　淘宝网卖家中心首页

1. 通用指标

金牌卖家每半个月进行一次考核，主要考核指标如下：

（1）开店时长必须大于等于 183 天；

（2）信用分值必须大于等于 251 分；

（3）缴纳淘宝网消费者保障服务保证金（含保证金计划）；

（4）二手商品订单数比例应小于等于 5%；

（5）无虚拟在线商品；

（6）自然年内一般规则处罚累计分值小于 12 分；

（7）自然年内无严重违规处罚或售假处罚；

（8）店铺正常经营；

（9）买家喜爱度大于等于 80 分。

金牌卖家的通用指标共以上九项，这是一个基准线。卖家必须完全符合这九项标准才能成为金牌卖家。

2. 类目指标

由于各类目特性不同，其类目指标也有所不同。

（1）宠物活体类目：需获得“宠物活体特种经营”资质方可申请加入此类目。

（2）酒类：必须提供申请人（淘宝卖家）本人或直系亲属的证件；国产酒类必须填写 QS 标。以上两个条件同时满足才可以申请加入此类目。

（3）书籍 / 杂志 / 报纸：必须拥有出版物经营许可证资质（包含全新商品、二手商品）。

除宠物活体类目、酒类和书籍 / 杂志 / 报纸外，店铺主营的一级类目符合开放条件的卖家，如果店铺内在售以下类目的商品，就无法成为金牌卖家。涉及商品类目如下：早孕检测、电子血糖仪、家用电子理疗仪、轮椅、血压计、避孕套、排卵试纸、

体温计 / 仪器、延时套、早孕试纸、佛 / 神像、佛牌、唐卡、画像、冥纸、冥币等。

金牌卖家参与类目的具体维度与阈值如表 1-1 所示。

表 1-1　金牌卖家参与类目的具体维度与阈值

行业	主营类目名称	好评率	描述dsr	服务dsr	纠纷率	基准成交额
家电	个人护理/保健/按摩器材	0.98010	4.803	4.826	0.00004	10,000
	办公设备/耗材/相关服务	0.98639	4.837	4.845	0.00014	18,500
	厨房电器	0.97922	4.829	4.841	0.00026	18,500
	生活电器	0.97861	4.815	4.834	0.00018	18,500
	影音电器	0.98580	4.843	4.851	0.00018	16,000
	电子词典/电纸书/文化用品	0.98258	4.798	4.819	0.00003	10,500
	大家电	0.97798	4.845	4.849	0.00043	44,500
运动	户外/登山/野营/旅行用品	0.97960	4.814	4.838	0.00018	11,000
	运动/瑜伽/健身/球迷用品	0.97925	4.808	4.830	0.00011	12,500
	自行车/骑行装备/零配件	0.97626	4.814	4.829	0.00006	12,500
	运动服/休闲服装	0.97416	4.758	4.778	0.00018	11,000
	运动包/户外包/配件	0.98236	4.794	4.813	0.00001	7,500
	运动鞋new	0.98180	4.804	4.812	0.00029	11,000
美妆	美容护肤/美体/精油	0.98520	4.794	4.812	0.00002	10,000
	彩妆/香水/美妆工具	0.98350	4.779	4.808	0.00001	9,000
	美发护发/假发	0.97980	4.796	4.827	0.00001	7,000
母婴	童装/亲子装	0.97567	4.741	4.778	0.00002	4,000
	童鞋	0.97494	4.762	4.790	0.00004	4,000
	奶粉/辅食/营养品/零食	0.98784	4.851	4.852	0.00001	27,000
	尿片/洗护/喂哺/推车床	0.98354	4.815	4.832	0.00002	11,500
	孕妇装/孕产妇用品/营养	0.97113	4.751	4.798	0.00000	9,000
	玩具/模型/动漫/早教/益智	0.97866	4.808	4.830	0.00005	10,000
花鸟文娱	鲜花速递/花卉仿真/绿植园艺	0.97950	4.800	4.832	0.00042	8,000
	宠物/宠物食品及用品	0.98208	4.830	4.843	0.00003	13,500
	书籍/杂志/报纸	0.98135	4.832	4.833	0.00001	9,000
	乐器/吉他/钢琴/配件	0.98595	4.871	4.882	0.00000	15,000
珠宝配饰	手表	0.98359	4.838	4.850	0.00048	11,500
	珠宝/钻石/翡翠/黄金	0.98646	4.845	4.878	0.00007	21,500
	饰品/流行首饰/时尚饰品新	0.98190	4.796	4.831	0.00002	6,000
	ZIPPO/瑞士军刀/眼镜	0.98232	4.844	4.863	0.00002	8,500
	古董/邮币/字画/收藏	0.98284	4.820	4.859	0.00026	11,500
服饰	女装/女士精品	0.97100	4.742	4.792	0.00018	8,000
	女士内衣/男士内衣/家居服	0.97409	4.748	4.787	0.00003	5,000
	服饰配件/皮带/帽子/围巾	0.98036	4.795	4.825	0.00004	5,000
	女鞋	0.96423	4.717	4.763	0.00019	9,000
	男装	0.96909	4.694	4.751	0.00013	8,000
	流行男鞋	0.96747	4.727	4.776	0.00010	8,000
	箱包皮具/热销女包/男包	0.97825	4.793	4.825	0.00021	8,000
汽车	汽车/用品/配件/改装	0.98127	4.829	4.850	0.00012	11,000
	新车/二手车	0.98521	4.895	4.889	0.00000	30,000
	摩托车/配件/骑士装备	0.97677	4.833	4.846	0.00037	17,000
食品	零食/坚果/特产	0.97560	4.770	4.795	0.00002	8,000
	茶/咖啡/冲饮	0.98459	4.835	4.850	0.00001	8,000
	传统滋补营养品	0.98600	4.847	4.868	0.00002	9,000
	酒类	0.98292	4.853	4.870	0.00000	17,500
	粮油米面/南北干货/调味品	0.98346	4.823	4.837	0.00001	9,500
	水产肉类/新鲜蔬果/熟食	0.98254	4.818	4.842	0.00003	9,000
家装	基础建材	0.98330	4.816	4.835	0.00009	17,500
	家装主材	0.98550	4.866	4.876	0.00017	15,500
	电子/电工	0.98733	4.842	4.846	0.00009	15,500
	装修设计/施工/监理	0.99158	4.900	4.905	0.00000	5,000
	五金/工具	0.98393	4.833	4.845	0.00011	15,500
家居	住宅家具	0.98517	4.896	4.908	0.00130	30,500
	商业/办公家具	0.97926	4.806	4.823	0.00019	23,500
	家居饰品	0.98176	4.806	4.838	0.00011	8,000
	床上用品	0.97265	4.783	4.828	0.00007	10,000
	居家布艺	0.98064	4.807	4.836	0.00007	10,000
	特色手工艺	0.98144	4.823	4.855	0.00012	8,000
百货	厨房/烹饪用具	0.97847	4.810	4.832	0.00006	10,000
	餐饮具	0.98169	4.831	4.852	0.00003	11,000
	居家日用	0.97459	4.767	4.801	0.00047	8,000
	节庆用品/礼品	0.97574	4.782	4.813	0.00002	11,000
	洗护清洁剂/卫生巾/纸/香薰	0.98162	4.800	4.821	0.00001	8,000
	家庭/个人清洁用具	0.97705	4.786	4.817	0.00006	8,000
	收纳整理	0.97768	4.779	4.810	0.00004	11,000

（续表）

行业	主营类目名称	好评率	描述dsr	服务dsr	纠纷率	基准成交额
3C	电脑硬件/显示器/电脑周边	0.98398	4.803	4.812	0.00016	18,000
	数码相机/单反相机/摄像机	0.98791	4.899	4.906	0.00003	173,500
	电玩/配件/游戏/攻略	0.98957	4.899	4.892	0.00006	18,000
	笔记本电脑	0.98472	4.808	4.811	0.00013	121,000
	手机	0.97242	4.857	4.871	0.00041	81,500
	台式机/一体机/服务器	0.98363	4.864	4.877	0.00009	85,000
	网络设备/网络相关	0.97988	4.825	4.820	0.00015	21,500
	平板电脑/MID	0.98263	4.845	4.845	0.00026	81,000
	3C数码配件	0.97661	4.771	4.795	0.00017	7,500

淘宝卖家满足上述通用指标和类目指标后，就可以成为金牌卖家。成为金牌卖家不仅意味着拥有更多的特权，还意味着拥有更多的责任和义务。淘宝金牌卖家必须接受淘宝网不定期的品质抽检，如果抽检合格则由淘宝网承担抽检费用；如果抽检不合格，则由淘宝卖家承担抽检费用。对于后者，还需要接受规定的处罚。

1.1.2 金牌卖家的注意事项

金牌卖家的考核遵循公正、公开、透明的原则，只要淘宝卖家满足考核条件，淘宝网就会授予其金牌卖家资质。申请金牌卖家时，淘宝卖家需要注意以下两点。

1. 考核周期

淘宝卖家向淘宝网提交金牌卖家申请后，会有一个考核周期（考核为淘宝网系统自动考核）。如果申请通过，则说明淘宝卖家满足考核条件；如果申请未通过，则淘宝网会向淘宝卖家反馈未通过的原因是什么，例如，××条件尚未满足（见图 1-3）。

金牌卖家　　评价

您尚未通过本期金牌卖家考核，继续努力哦 (同类目中已有29548金牌卖家)

下期考核周期：2014.07.16-08.15 查看下期指标»　　权益全解读»

店铺诊断		本期考核周期：2014.06.16-07.15	
金牌卖家指标	入选规则	本店认证结果	
信用等级	>=251分	85分	×
开店时长	>=183天	490天	√
消费者保障计划	缴纳保证金（含保证金计划）	已缴纳	√
交易额	>=19000元	307元	×
好评率	>=98.503%	92.105%	×
宝贝与描述相符度	>=4.717	4.567	×
卖家服务态度	>=4.782	4.567	×
纠纷率	<=0.018%	1.646%	×
自然年内一般违规处罚	<12.0分	9.8分	√
自然年内严重违规/售假处罚	无	不符合	×
在线二手宝贝	无	不符合	×
在线虚拟宝贝	无	不符合	×
经营资质（酒类、宠物）	持有政府经营许可资质	不符合	×
买家喜爱度	>=80分	达标	√

图 1-2　关于不符合金牌卖家考核条件的反馈

从图 1-2 中，淘宝卖家可以清晰地看到自己的店铺还有哪些考核条件未满足，在今后的淘宝网店经营中，淘宝卖家可以对不足的地方重点加以改进。

成为金牌卖家后，淘宝卖家需要关注淘宝网店的变化，一般在考核通过的第二天，店铺便会拥有金牌卖家的标识（见图 1-3 和图 1-4）。

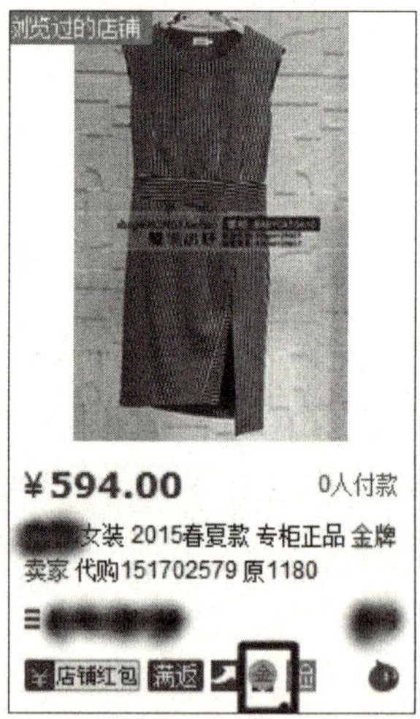

图 1-3　金牌卖家的标识（1）

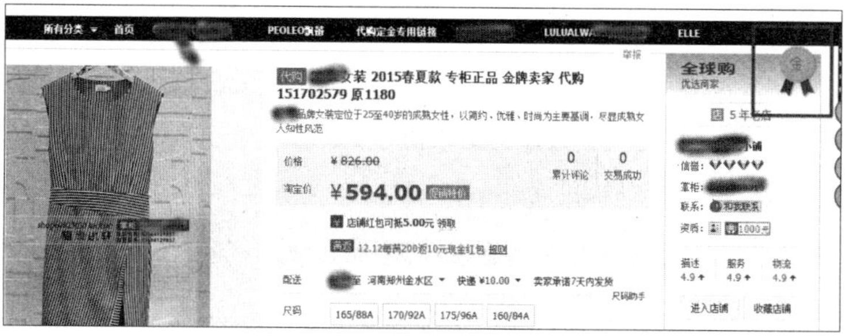

图 1-4　金牌卖家的标识（2）

2. 系统评估

淘宝网会于每月 15 日对金牌卖家上个月的各项经营数据进行评估，如果这些经营数据中的任何一项或多项接近标准的下限，淘宝网会向店铺发出警告信息；如果各项经营数据低于最低标准，店铺会被取消金牌卖家资质。因此，成为金牌卖家并保持良好的经营状态是所有淘宝卖家奋斗的目标。

1.2　金牌卖家拥有的各项特权

金牌卖家不仅能获得淘宝网提供的多种支持，同时也能够获得广大买家的信任。一般来说，金牌卖家拥有以下几项特权：橱窗位和会员频道优先展示、优先参与淘宝官方活动和免费获得学习教程。

1.2.1　橱窗位和会员频道优先展示

淘宝卖家获得金牌卖家资质后，淘宝网会奖励其橱窗位（一开始默认奖励 5 个，后期淘宝网会根据店铺的信用等级、开店时长、周成交额给淘宝卖家奖励不同数量的橱窗位）。当然，淘宝网也会根据违规扣分情况扣除橱窗位，具体奖励数量及扣除数量则根据淘宝网后台的相关规定来确定。

橱窗位的奖励标准如下：

（1）信用等级：星级卖家奖励 10 个橱窗位；钻级卖家奖励 20 个橱窗位；冠级卖家奖励 30 个橱窗位。

（2）开店时间：开店时间少于 90 天，奖励 10 个橱窗位；开店时间满 1 年，奖励 2 个橱窗位；开店时间满 2 年，奖励 5 个橱窗位；开店时间满 3 年，奖励 10 个橱窗位。

（3）消保：缴纳消保保证金，奖励 5 个橱窗位。

（4）店铺周成交额：周成交额是指前一周的周成交额，计算周期为周四 0 点至周三 23:59:59。如果近 30 天无成交，或店铺不满 1 星，或主营类目不符合要求，或前一周处于接受惩罚状态，则没有橱窗位奖励。成交额奖励橱窗位的有效期为 1 周，达到规定成交额则奖励一个橱窗位，每周五，旧的奖励失效同时新的奖励生效。

有奖则有罚，如果有店铺因违规被扣分，则淘宝网会扣除该店铺的橱窗位，一般违规扣分（A 类扣分）满 12 分及以上，扣除 5 个橱窗位；严重违规扣分（B 类扣分）满 12 分及以上，扣除 10 个橱窗位；出售假冒商品被违规扣分（C 类扣分）满 24 分及以上，扣除 20 个橱窗位。

由于橱窗位对于商品销售量的影响十分大，淘宝卖家在设置橱窗位商品时，一定要选择优质的商品，这样能够为店铺带来更多的销售量，并能吸引更多的买家关注。一般来说，橱窗位商品可以被优先搜索到（见图 1-5）。

图 1-5　橱窗位商品可以被优先搜索到

需要注意的是，有的淘宝卖家有橱窗位却不对其进行设置，则会导致商品被买家搜索到的概率降低；如果长期不使用橱窗位，橱窗位会被系统收回。淘宝卖家一定要充分利用自己获得的橱窗位进行商品推广（见图 1-6）。

图 1-6　橱窗位设置页面

成为金牌卖家后，淘宝卖家还可以获得会员频道优先展示的权利，会员频道主要是用来精准展示优质商品的，淘宝卖家可以通过会员频道免费展示商品从而获取流量（见图 1-7）。

图 1-7　淘宝会员频道首页

1.2.2　优先参与淘宝官方活动和免费获得学习教程

成为金牌卖家后，淘宝卖家可以优先参与淘宝官方活动，如夜抢购、店铺红包、店铺彩票、淘金币、天天特价、店铺免费试用等。

（1）夜抢购：卖家打开淘宝首页，登录店铺主账号，在首页中找到“夜抢购”，点击即可进入夜抢购活动专题页面，在页面的顶端点击“卖家中心”输入淘宝卖家账号，即可看到参加夜抢购的流程。具体如图 1-8 和图 1-9 所示。

图 1-8　淘宝夜抢购卖家中心

图 1-9　淘宝夜抢购报名流程

（2）店铺红包：淘宝卖家可对店铺红包进行设置。店铺红包仅限在其发行店铺使用，对全店商品通用，但要求订单金额至少高于该红包面额 0.01 元（不包含邮费）。这项特权可以提升成交转化率，商品的销售量也会有显著增长。另外，店铺红包可用于回馈老客户，淘宝卖家可以对购买过商品的老客户做精准推送（见图 1-10）。

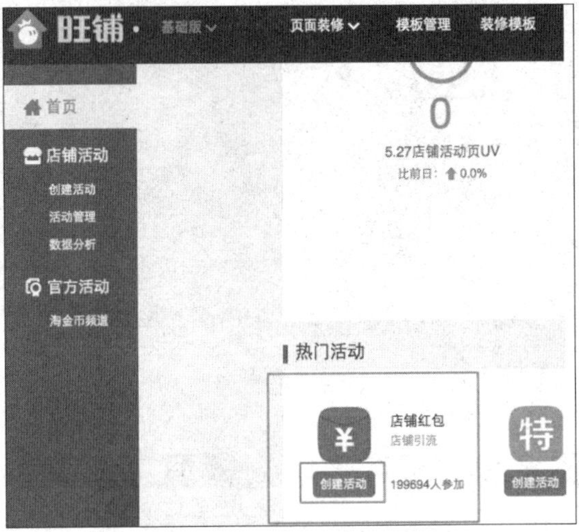

图 1-10　创建店铺红包页面

（3）天天特价和店铺免费试用：淘宝卖家可以直接进入行业频道进行展示，同时也可以创建天天特价和店铺免费试用活动。天天特价是一个以特价加包邮为形式，以一天时间为时限，以每日变换新店铺与新宝贝为特点的一个频道；店铺免费试用是全国最大的免费试用中心，也是最专业的试客分享平台，可以帮助淘宝卖家吸引客户及宣传。

淘宝卖家可以从淘宝网卖家中心进入"营销中心"页面，或者直接进入旺铺，创建活动（见图 1-11 和图 1-12）。

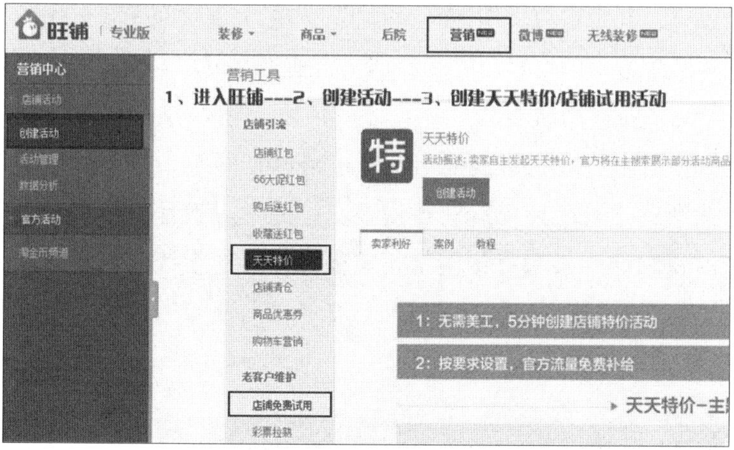

图 1-11　创建天天特价和店铺免费试用活动

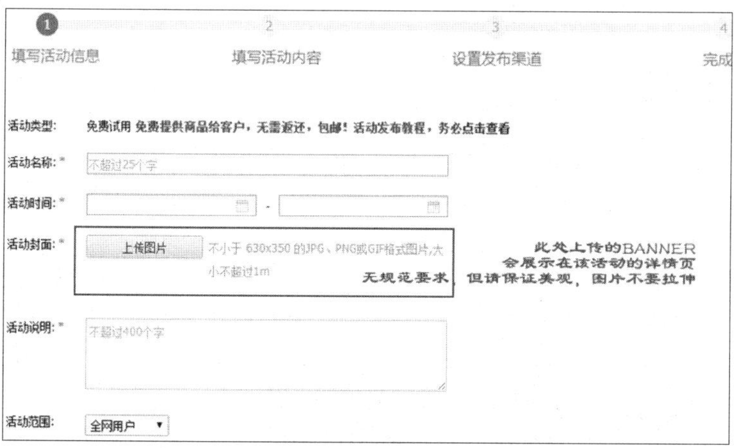

图 1-12　填写免费试用的商品的相关信息

需要注意的是，店铺免费试用活动一旦发布，淘宝卖家便没有权利再对其进行编辑和取消了，所以一定要谨慎发布。如果试用商品已被买家领取，那么淘宝卖家就必须将试用商品免费提供给买家，邮费也应由淘宝卖家承担。如果淘宝卖家未在试用商品被买家领取后的 7 日内发货，那么店铺将会被扣 6 分并被永久禁止参加免费试用活动。

获得金牌卖家资质的店铺除了可以在同等条件下优先参与上述活动之外，还可以获得淘宝卖家的学习教程，如淘宝大学通过视频课程，为每位淘宝卖家提供免费的在线学习平台（见图 1-13）。另外，金牌卖家还可以免费获得淘宝阅读的 VIP 电子书（见图 1-14）。

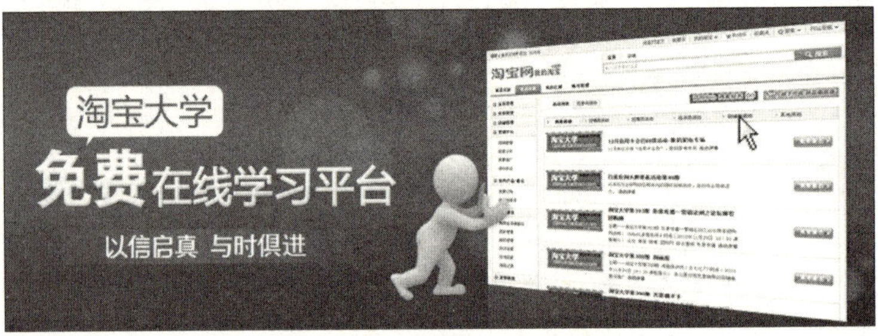

图 1-13　淘宝大学免费在线学习平台

图 1-14　金牌卖家免费获得淘宝阅读 VIP 电子书

1.2.3　店铺联盟：盘活末端流量

2015 年 11 月 16 日，淘宝网推出店铺联盟服务，获得金牌卖家资质的淘宝卖家在 2015 年 11 月 16 日至 30 日可以优先体验店铺联盟服务，在体验期间，店铺末端流量可以为淘宝卖家带来巨大的价值。

店铺联盟主要是为淘宝卖家提供末端的流量互换，同时帮助淘宝卖家提升流量效率。之所以叫末端流量，是因为开通店铺联盟的淘宝卖家之间可以互换链接，而该链接显示在手机淘宝的商品详情页底部的“邻家好货”模块内（见图 1-15）。开通店铺联盟的淘宝卖家可以获得精准的推广机会和更多的有效流量。

图 1-15　邻家好货模块

店铺联盟有点类似相似产品推荐，这个功能为淘宝卖家提供了更多的引流渠道，淘宝卖家能够找到更多优质的淘宝网店并与之结盟，交换店铺中的流量，从而增加彼此店铺的客户访问量。

店铺联盟是淘宝卖家自愿加入的，卖家如果不想使用店铺联盟功能可以随时关闭。关闭后，卖家店铺显示在其他店铺内的推荐商品将被撤销。撤销后只要淘宝卖家满足相应条件，就可以再次申请加入。

另外，店铺联盟的联盟者是淘宝网自动选取的，淘宝网会针对店铺之间等级、风格、转化率等条件进行互换推荐，还会根据进店买家的情况随机在店铺中的店铺联盟专区进行关联投放。

淘宝网每天都会对加入店铺联盟的淘宝卖家进行资质审核，如果店铺联盟功能在使用过程中突然被关闭，那么可能是当前卖家因资质不符而被淘宝网取消了该功能。

1.3 特色金牌卖家：不拼销量拼特色

2015 年 8 月，淘宝网推出特色金牌卖家评选活动，特色金牌卖家评选活动为那些成交量不高的淘宝网店提供了一个机会，只要店铺独具特色，就可以获得金牌卖家的称号和权益。

1.3.1 特色金牌卖家的权益和要求

特色金牌卖家的申请要求相比金牌卖家来说，少了关于成交量的限制，只要求有特色。这个特色是指店铺的综合实力，包括成交、转化、流量获取等多个方面。特色金牌卖家和金牌卖家的不同之处是，特色金牌卖家的指标和阈值随着特色内容的不同会各有差异。申请特色金牌卖家的淘宝网店一旦达到特色金牌卖家的考核标准，就会被授予金牌卖家的称号，并享有金牌卖家所有的权益。

截至 2015 年 12 月，淘宝网对特色金牌卖家的要求如下：

（1）特色金牌卖家上线成功的，是在金牌卖家中成交能力表现突出的淘宝卖家。

（2）特色金牌卖家包括“烽火 V”“中国质造”“极有家”“质 +”“风格馆”五类卖家。

（3）特色金牌卖家与金牌卖家一样，也有考核周期和清退规则，这在本书第 1 章的 1.1 节中已经做了详细的介绍。即使是特色金牌卖家，如果违规销售假货，淘宝网也会将其予以清退。另外，如果淘宝卖家当期符合条件而成为特色金牌卖家，但在下一期中某一项条件不符合，也会失去特色金牌卖家的称号。

1.3.2 这五类卖家更易申请特色金牌卖家

在淘宝后台程序中，有关于特色金牌卖家考核标准的详细介绍，具体如表 1-2 所示。

表 1-2 淘宝特色金牌卖家的考核标准

通用标准	
开店时长≥90天	自然年内一般规则处罚累计分值＜12分
信用分值≥251分	自然年内无严重违规处罚
缴纳淘宝网消费者保障服务保证金（含保证金计划）	无有效售假处罚扣分(包含0分)
二手商品订单数比例≤5%	店铺正常经营
无虚拟在线商品	买家喜爱度≥80分
DSR≥4.6	好评率≥97%
行业特殊资质	
宠物活体类目需获得“宠物活体特种经营”资质方可加入	
酒类需要：必须提供本人或直系亲属的证件；已是酒类准入示范卖家（非通过特种经营许可，详情点此请看）；国产白酒必须填写QS号。以上这两者满足者方可加入	
店铺主营的一级类目符合开放条件的卖家，如果店铺内有在售以下类目的商品，就无法成为本次“金牌卖家”，涉及商品类目如下： 早孕检测、电子血糖仪、家用电子理疗仪、轮椅、血压计、避孕套、排卵试纸、体温计/仪器、延时套、早孕试纸；佛像/神像、佛牌、唐卡、画像、纸制品/冥纸/冥币	

（续表）

类目个性化指标		
行业	主营类目名称	基准成交额
家电	个人护理/保健/按摩器材	103000
	办公设备/耗材/相关服务	80000
	厨房电器	103000
	生活电器	116000
	影音电器	93000
	电子词典/电纸书/文化用品	56000
	大家电	188000
运动	户外/登山/野营/旅行用品	48000
	运动/瑜伽/健身/球迷用品	67000
	自行车/骑行装备/零配件	66000
	电动车/配件/交通工具	116000
	运动服/休闲服装	75000
	运动包/户外包/配件	40000
	运动鞋new	130000
美妆	美容护肤/美体/精油	131000
	彩妆/香水/美妆工具	134000
	美发护发/假发	46000
母婴	童装/婴儿装/亲子装	76000
	童鞋/婴儿鞋/亲子鞋	38000
	奶粉/辅食/营养品/零食	183000
	尿片/洗护/喂哺/推车床	124000
	孕妇装/孕产妇用品/营养	71000
	玩具/模型/动漫/早教/益智	72000
花鸟文娱	鲜花速递/花卉仿真/绿植园艺	37000
	宠物/宠物食品及用品	84000
	书籍/杂志/报纸	28000
	个性定制/设计服务/DIY	49000
	模玩/动漫/周边/cos/桌游	70000
	乐器/吉他/钢琴/配件	102000
珠宝配饰	手表	101000
	珠宝/钻石/翡翠/黄金	104000
	饰品/流行首饰/时尚饰品新	51000
	ZIPPO/瑞士军刀/眼镜	43000
	古董/邮币/字画/收藏	36000
服饰	女装/女士精品	116000
	女士内衣/男士内衣/家居服	52000
	服饰配件/皮带/帽子/围巾	36000
	女鞋	54000
	男装	53000
	流行男鞋	33000
	箱包皮具/热销女包/男包	70000
汽车	汽车/用品/配件/改装	51000
	新车/二手车	47000
	摩托车/装备/配件	63000
食品	零食/坚果/特产	101000
	茶	80000
	茶/咖啡/冲饮	80000
	传统滋补营养品	49000
	酒类	97000
	粮油米面/南北干货/调味品	76000
	水产肉类/新鲜蔬果/熟食	51000
	基础建材	37000
家装	全屋定制	33000
	家装主材	55000
	电子/电工	55000
	装修设计/施工/监理	18000
	五金/工具	37000
	住宅家具	137000
家居	商业/办公家具	46000
	家居饰品	30000
	床上用品	54000
	居家布艺	44000
	特色手工艺	22000
	厨房/烹饪用具	66000
百货	餐饮具	56000
	居家日用	40000
	节庆用品/礼品	39000
	洗护清洁剂/卫生巾/纸/香薰	65000
	家庭/个人清洁工具	64000
	收纳整理	100000
	电脑硬件/显示器/电脑周边	151000
3C	数码相机/单反相机/摄像机	816000
	电玩/配件/游戏/攻略	548000
	笔记本电脑	524000
	MP3/MP4/iPod/录音笔	62000
	手机	705000
	DIY电脑	417000
	品牌台机/品牌一体机/服务器	194000
	智能数码设备	129000
	网络设备/网络相关	75000
	平板电脑/MID	652000
	闪存卡/U盘/存储/移动硬盘	65000
	3C数码配件	54000
	国货精品数码	95000

除以上通用的类目考核标准外，还有对“烽火 V”“中国质造”“极有家”“质 +”“风格馆”五类卖家的考核标准。

1.“烽火 V”卖家

烽火 V 计划主要是为了帮助淘宝卖家建立一套完善的成长体系，打通卖家与卖家、卖家与平台之间的联系。淘宝网每月都会按照店铺的成交额和成交增长速度这一双重标准评选出“烽火 V”，获得这个称号的淘宝卖家可以享受“烽火 V”的所有权益，从而获得更多的资源和机会。

2.“中国质造”卖家

淘宝网的“中国质造”是由阿里巴巴推出的，主要用于帮助制造业升级转型，同时联合当地监管部门，加强品质监督和管理。这样严格的监督能让客户放心买到好品质的商品（见图 1-16）。

图 1-16　淘宝网“中国质造”首页

3.“极有家”卖家

“极有家”是淘宝网的一个家具垂直市场，主要售卖家居商品、家装设计、装修服务等，提供给客户一站式的服务，给所有买家一个“家”的感觉。入驻特色金牌卖家，“极有家”着重关注卖家的运营、货品质量和服务三项能力（见图 1-17）。

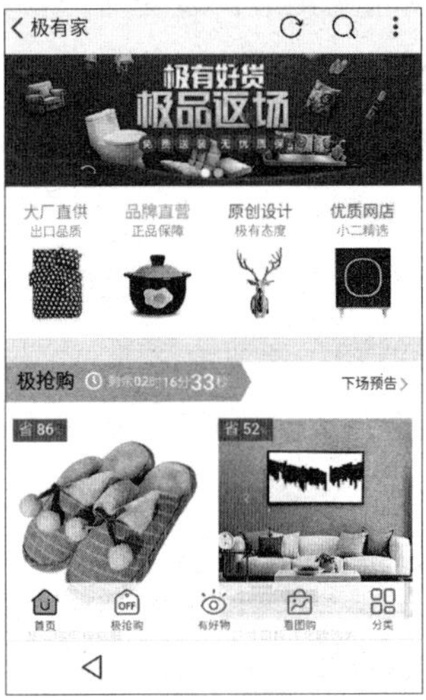

图 1-17 淘宝网“极有家”首页

4.“质 +”卖家

“质 +”致力于通过选择优秀的自立品牌，为客户提供强硬的商品品质，让客户享用到性价比高的商品。“质 +”是淘宝网非标行业市场，只有质量过硬的品牌才能入驻，从这个市场里的卖家之中选出的特色金牌卖家，可谓优中选优（见图 1-18）。

图 1-18　淘宝网“质 +”首页

5.“风格馆”卖家

“风格馆”作为淘宝网专门为女装提供的特色卖家群体平台，共分为六大馆，依次为：气质通勤、私服名媛、甜美可爱、文艺复古、原创设计、街头潮人。

特色金牌卖家考核标准的严格程度，比金牌卖家有过之而无不及，淘宝卖家如果能够入驻“烽火 V”“中国质造”“极有家”“质 +”“风格馆”任何一个市场，均有机会成为特色金牌卖家。

1.4　连续成为金牌卖家必知的几个技巧

金牌卖家的资质不是一劳永逸的，如果卖家在下一期考核中未通过，则有可能被取消资质。另外，连续成为金牌卖家，可以为淘宝网店赢得越来越多买家的信赖和优先选择，因此，如何连续成为金牌卖家是每个淘宝卖家都必须学习的技巧。

1.4.1 如何获得金牌卖家“连续 N 期”标识

2015 年 3 月，淘宝网金牌卖家“连续 N 期”标识正式上线（见图 1-19）。

怎样才能获得金牌卖家“连续 N 期”标识呢？

（1）必须连续 2 期或 2 期以上被评为金牌卖家，店铺页面才会出现“连续 N 期”金牌卖家的标识。

（2）如果已经满足上述条件，并拥有金牌卖家“连续 N 期”标识，但是期间某一期金牌卖家标识被清退，那么“连续 N 期”标识也会同时被清退，之后则需要重新计算，再次满足上述条件时才可重新获得金牌卖家“连续 N 期”标识。

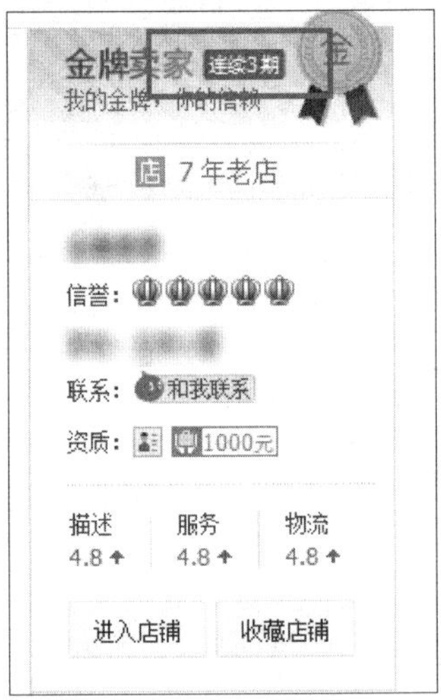

图 1-19　金牌卖家“连续 N 期”标识

（3）如果淘宝卖家是因为淘宝系统误判被清退，实际上自身已经符合金牌卖家的考核条件，那么可以申诉。若申诉成功，金牌卖家“连续 N 期”标识会被同时恢复。

1.4.2 如何连续成为金牌卖家

获得“连续N期”金牌卖家标识，对淘宝卖家来说是有很大好处的。想要连续成为金牌卖家，淘宝卖家必需了解金牌卖家的考核标准。由于金牌卖家的申请条件在不同周期都是不一样的，所以每一周期的申请条件都要等到淘宝官方公布时才能知晓。这里以2016年3月的金牌卖家考核标准为例（见图1-20）。

金牌卖家指标	入选规则	本店认证结果
信用等级	>=251分	1528分 √
开店时长	>=183天	1169天 √
消费者保障计划	缴纳保证金（含保证金计划）	已缴纳 √
交易额	>=8000元	27562元 √
好评率	>=96.909%	98.917% √
宝贝与描述相符度	>=4.694	4.869 √
卖家服务态度	>=4.751	4.925 √
纠纷率	<=0.013%	0.000% √
自然年内一般违规处罚	<12.0分	0.0分 √
自然年内严重违规/售假处罚	无	符合 √
二手商品订单数占比	<=5.00%	0.00% √
在线虚拟宝贝	无	符合 √
经营资质（酒类、宠物）	-	-
买家喜爱度	>=80分	达标

图1-20 2016年3月金牌卖家考核标准

在图1-22中所列的考核标准中，硬性标准包括信用等级、开店时长、消费者保障计划、违规处罚、售假处罚、二手商品订单数占比。下面介绍的考核标准则可以通过卖家努力经营并运用一些技巧来达到。

1. 交易额

交易额的多少是店铺能否盈利的关键，也是其能否成为金牌卖家的考核标准之一，这里以图 1-22 为例，该淘宝网店内所有买家的付款总金额大于 8000 元，符合淘宝金牌卖家的考核标准。若淘宝卖家想连续成为金牌卖家，每一期的交易额均须达到 8000 元以上。

2. 好评率

在考核周期内，淘宝网店的好评率只要大于或等于 96.909%，就可以连续成为金牌卖家。需要注意的是，有时卖家查看自己淘宝网店的好评率时为 98%，而淘宝网在考核时给出的好评率为 96%，是淘宝系统出错了吗？其实不是，导致这种差别的原因是淘宝系统参考的好评率为考核周期内的，而不是所有历史积累的好评率。

3. 宝贝与描述相符度、卖家服务态度

这两个考核标准和好评率是一样的，即使淘宝网店的总 DSR（Detail Seller Rating，卖家服务评级）评分都在 4.8 分以上，但如果在考核期间有过中差评，导致 DSR 评分下降，那么金牌卖家在考核期间计算的评分会非常低。一般来说，金牌卖家系统不会果断给出低分，而会参考历史 DSR 分数，从而让店铺的评分可以保持在 4.8 分左右。

4. 纠纷率

纠纷常见于买家要求退货或退款的情况中。发生这种情况时，需要淘宝卖家亲自处理。当发生纠纷的责任方为淘宝卖家时，会影响其金牌卖家的考核。因此淘宝卖家应尽量避免在金牌卖家考核周期内陷入纠纷。

5. 买家喜爱度

表面看来，买家喜爱度在淘宝网内没有明确的判断标准，但是一些有经验的淘宝卖家认为，买家喜爱度考核在很大程度上和回头客转化率有关。如果有人购买了某店铺的一款商品，那么如何判定那人是否喜爱这款商品呢？答案是查看其是否进行了重复购买，以及其在购买后是否给出了好评。如果重复购买的人数多、好评多，淘宝网则会对买家喜爱度这一考核项目给出大于或等于 80 分的分数，即达到金牌卖家合格标准的分数。

1.4.3　什么情况下淘宝卖家会被取消金牌卖家资质

获得金牌卖家资质后，淘宝卖家在经营中要比以前更加用心，否则金牌卖家“连续 N 期”标识就会重新开始累计。下面我们了解一下，淘宝卖家触犯哪些规则后可能会被取消金牌卖家资质。

在金牌卖家的生效期内，店铺若触犯以下任何一条规则，则会被取消金牌卖家资质：

（1）未足额缴纳消保保证金（含保险保证金）；

（2）触犯廉政规则；

（3）年度一般处罚扣分大于等于 12 分；

（4）发生严重处罚扣分大于 0 分；

（5）发生售卖假货扣分大于 0 分。

金牌卖家一旦触犯上述规则中的任何一条，淘宝网就会在 1 个工作日内取消店铺的金牌卖家资质，并且该卖家原先享有的各项金牌卖家权益也会在 1 个工作日内被取消。

店铺的金牌卖家资质被取消后并非不可恢复，当店铺满足以下全部条件时，便可重新获得金牌卖家资质：

（1）由于未足额缴纳消保保证金（含保险保证金）被清退后重新足额缴纳了消保保证金；

（2）触犯廉政规则被清退后有纠正行为；

（3）由于违规被清退后申诉成功，再次符合入选规则；

（4）如果被清退前触犯了多条清退规则，那么当各条规则均满足时才可恢复。

满足上述各项条件后，淘宝卖家便可提出恢复金牌卖家资质的申请，淘宝网会在 1 个工作日内审核并恢复店铺的金牌卖家资质，并且其原先享有的各项金牌卖家权益也会在 1 个工作日内生效。

第2章

金牌卖家必知的推广渠道

酒香也怕巷子深，做淘宝更是需要广而告之。如果淘宝网店不做推广，很难被买家搜索到，那就不会有流量。所谓推广，即让更多的买家看到、知道你的店铺，从而为店铺引入流量，提升销量。只有保证淘宝网店拥有固定的销售额，淘宝卖家才能离金牌卖家的标准更近一步。

2.1 淘宝网内部免费及付费推广方式

淘宝网为众多卖家提供了免费的和付费的推广方式。这些推广方式可以帮助淘宝网店提升搜索排名，进而吸引流量。

2.1.1 淘宝网内部免费推广方式

开淘宝网店是一件很容易的事情，但是卖家要想取得销量，就必须先对店铺及商品进行推广。谈起推广，很多淘宝卖家都很头疼，他们之所以选择在淘宝网开店就是因为淘宝网店的入驻门槛低，要他们花大价钱去推广不太现实。其实，淘宝网内部提供了不少免费的推广方法，卖家只要善于利用这些免费资源，就能获得一定的流量。

1. 橱窗推荐

由于淘宝客户在购买商品前大多都会先对商品进行搜索，所以橱窗推荐属于比较优质的推广方法。在店铺首页顶部的橱窗位置可以推荐六件商品，橱窗位置比较醒目，能够吸引客户的眼球。橱窗推荐的商品，在搜索结果中能够被优先显示。值得注意的是，淘宝橱窗推荐的商品数量不是固定的，而是会根据淘宝网店的开店时长、信用度和交易额而增加。卖家可以在卖家中心的“宝贝管理”中对橱窗推荐进行设置（见图 2-1）。

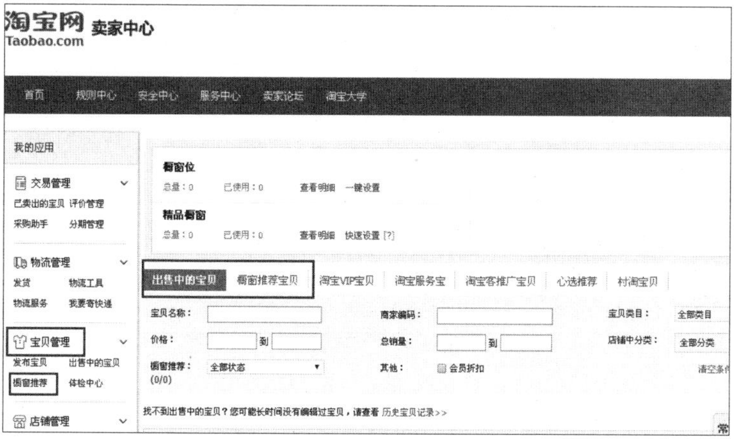

图 2-1　淘宝后台橱窗设置页面

2. 宝贝描述

淘宝用户多是先对商品进行搜索，在对商品页面的描述及图片进行浏览后才会决定是否购买，所以商品页面的描述及图片是卖家推广商品的一大利器。宝贝描述和颜值的作用是一样的，一个人如果容貌俊美，自然会吸引更多人的关注。淘宝卖家要充分利用 30 个字的商品简介尽可能突显出产品的优点、特性等，这样客户便能更了解商品，从而促使其购买。在商品页面中，卖家能够通过 2500 个字对商品进行描述，一般为图文结合的方式，描述不可以太啰唆，但也不可以太简单，应能清楚地说明商品的产地、规格、功效和使用方法。卖家可以在“发布宝贝”中设置商品描述（见图 2-2）。

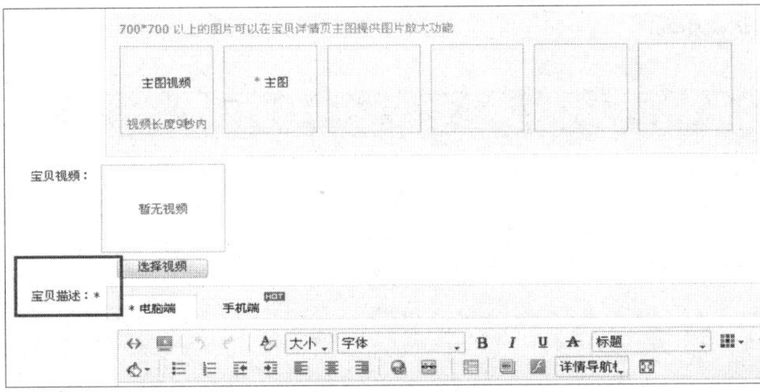

图 2-2　淘宝后台“发布宝贝”设置

3. 友情链接

友情链接是一个推广商品的好方法，一个店铺如果能够和其他店铺进行友情链接的交换，也会有不凡的效果。卖家最好是和流量稍大的店铺交换友情链接，这样也可以导入对方的流量，从而促成销量。对方店铺中所售的商品最好与本店铺所经营的商品为同一性质，只有这样，相互交换友情链接的店铺在商品的推广方面才能够相得益彰（见图 2-3）。

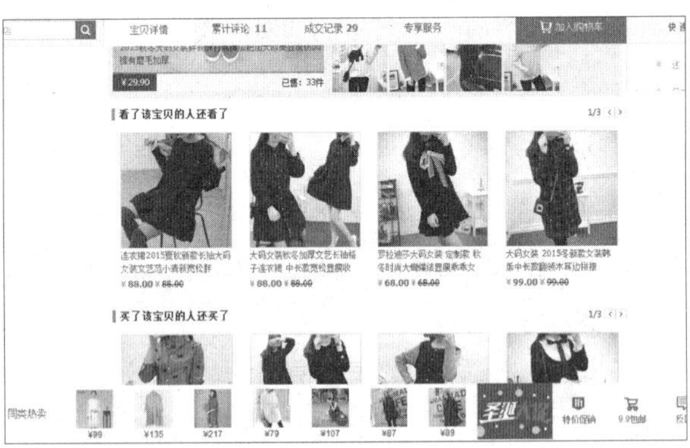

图 2-3　淘宝友情链接

4. 淘宝论坛

淘宝论坛是一个非常好的推广平台，这里聚集了很多卖家和买家，并且注册淘宝论坛的买家多是淘宝网的忠实粉丝和资深网购客户。一般大多数刚入驻淘宝网的卖家都会在淘宝论坛进行推广，不仅免费而且推广效果也不错。

【案例】卖家之声淘宝网店在开业之初，便在淘宝论坛发布帖子进行招聘，而这个过程同时也是对卖家之声本身进行推广的过程，论坛里的其他用户也能够看到。除了贴出招聘内容之外，卖家之声最常用的一个推广方式便是追新闻热点，将每天最热门的新闻事件转发到淘宝论坛，以此吸引人气。由于内容选择得好，帖子经常被加精推荐，关注卖家之声的人越来越多，店铺也就自然拥有了潜在的客户。随着积累的时间不断增加，这些潜在客户大多都成为了客户或老客户（见图 2-4）。

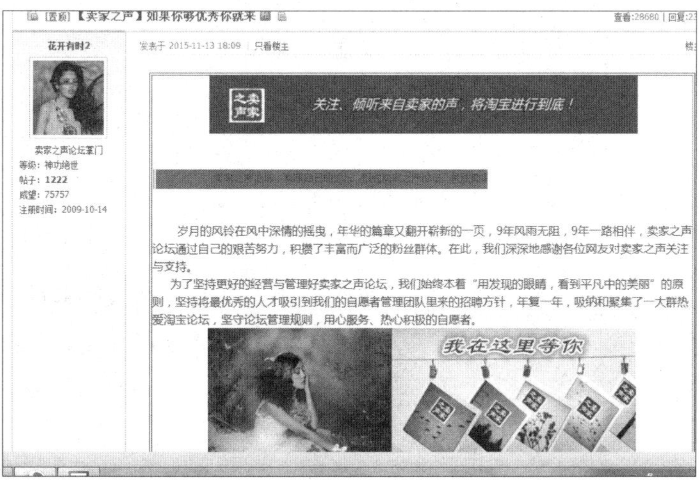

图 2-4　卖家之声淘宝网店在淘宝论坛发布的招聘帖

淘宝论坛除了热门板块外，还包括淘宝政策、卖家经验、活动流量、卖家故事、金牌卖家等多个板块。金牌卖家尤其应该多浏览淘宝论坛，这样不仅可以推广自己的店铺和商品，同时也可以借用淘宝论坛多了解用户和与金牌卖家有关的最新政策（见图 2-5）。

图 2-5　淘宝论坛首页

5. 聚划算团购

聚划算主要汇聚了淘宝网丰富的团购商品，并且每天都会精选出优良的商品供客户购买，截至 2015 年，聚划算已成为全国团购成交量第一的团购网站。聚划算销售的所有商品都来自淘宝卖家，只要淘宝网店的信誉达到 1 钻以上，就可点击淘宝后台的“活动报名”链接参加“聚划算”（见图 2-6）。

图 2-6　聚划算首页

对于金牌卖家来说，想要长期保有金牌卖家资质的首要条件，就是店铺销售额要满足金牌卖家的审核标准。因此推广店铺吸引流量、提升销量是金牌卖家需要做的最重要的事情。除了以上介绍的五种淘宝网内部提供的推广方式外，还可以进行活动推广，一般常见的活动推广形式包括满就送、套餐搭配售卖、买就送、限时打折、红包积分、优惠券等，只要能够保证店铺商品质量并给客户提供优惠，都能够吸引来流量，从而保证销量。

2.1.2　淘宝网内部付费推广方式

自 2015 年起，很多人想入驻淘宝网做生意时，都会有“淘宝网生意越来越难做”之类的顾虑，之前淘宝网市场尚未饱和，但是随着商家进驻的增多，竞争便愈发激烈。针对这一形势，淘宝网除提供免费的推广方式外，还提供了一些付费的推广方式。

但是对于淘宝卖家来说，很多店主在淘宝网开店就是因为淘宝网的入驻门槛低，不愿意花钱推广。其实只有懂得花钱的人，才懂得如何挣钱，有效利用这些付费的推广方式，往往能收到事半功倍的效果。淘宝网提供的付费推广方式主要有以下几种：

1. 直通车

淘宝直通车是阿里巴巴推出的一款帮助淘宝及天猫网卖家推广其店铺和商品的工具，主要由卖家依据买家搜索的关键词或是依据其商品在淘宝搜索页上的展示位置进行出价。淘宝网会将出价高的卖家的商品展示在流量比较高的直通车展位上；同时卖家也有权利选择将商品向某些特定买家群展现，不展示就不付费。关键词的付费规则是卖家依据买家的点击次数对关键词进行出价，每个关键词最低出价 0.05 元，最高出价 100 元，每次加价为 0.01 元，一般卖家应选择潜在目标客户最可能搜索的词或词组（见图 2-7）。

图 2-7　淘宝直通车引流工具图

2. 钻石展位

钻石展位是淘宝网页内的优质展位，卖家可以通过竞价的方式获得，这样店铺的商品就可以展示在淘宝网首页或其他页面内位置优越的展位中。

3. 淘宝客

淘宝客是阿里妈妈旗下的一种商品推广模式，想必各个淘宝店主对它都不陌生。目前，淘宝客是淘宝网旗下性价比最高的付费推广方式，卖家只须按效果付费。

◇ 只有成功售出了商品，卖家才需要付费。做淘宝客推广也有技巧可循：淘宝客是请网络上的专业推广人士来帮助卖家推广，所以佣金不能太少；如果佣金不高，帮助卖家推广的人就会少。因此，既然决定做淘宝客，卖家就一定在能力接受范围内尽量提高佣金，这样才能达到更好的效果；

◇ 卖家在通过淘宝客进行推广时，要选择优质的商品进行推广，这样比较容易打造出爆款，同时也能带动其他商品销量的提升，只有买家感兴趣，淘宝客才能有良好的效果；

◇ 卖家应选择应季的商品进行推广，推广时绝不应推广滞销商品，而要根据市场需求进行推广；

◇ 最好主动选择优秀的淘宝客，淘宝客推手能力不一，如果发现优秀的推手，一定要主动邀请他帮助自己进行推广；

◇ 当然做淘宝客对卖家来说也有一定的风险，淘宝客是产生销量后，才需要卖家付佣金，当遇到商品被客户退货的情况时，付给淘宝客的佣金也会退还淘宝卖家，但卖家在接受客户退货时一定要确保客户选择正规的退货渠道，如果在淘宝网平台外退货，往往会给卖家带来损失。

淘宝网提供的内部付费推广方式不仅只有以上五种，在淘宝网卖家中心后台的“营销中心”中，进入“我要推广”页面，我们还可以看到几十种推广方式，卖家可以根据自己店铺的实际情况选择不同的付费推广方式（见图 2-8）。

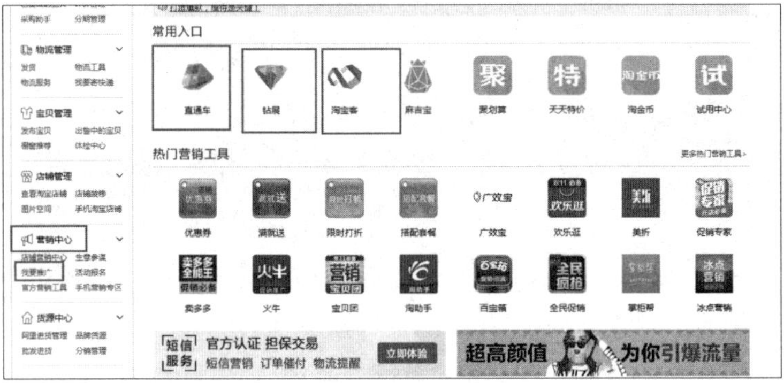

图 2-8　淘宝网卖家营销中心推广方式

2.2　淘宝网外部免费及付费推广方式

除淘宝网平台内部的推广方式外，淘宝卖家还可以通过外部渠道进行推广，最常见的外部推广方式还可以分为线上和线下两种，线下一般是指海报、杂志、公交广告、电视广告等，线上则包括论坛、社区、网站硬广及软文。

2.2.1　淘宝网外部免费推广方式

对淘宝卖家来说，如果能够用免费的推广获得流量，何乐而不为呢？免费推广可以说是淘宝卖家的首选方法，那么都有哪些免费推广方式呢？下面我们将介绍几种淘宝网外部免费推广方式。

1. 微博推广

很多做淘宝网店的朋友都有微博（微博常以新浪、网易、搜狐、腾讯这几个平台为主），卖家可以利用自己的微博进行店铺或商品推广。

【案例】民谣乐队“好妹妹”有一个淘宝网店叫作春生杂货铺，“好妹妹”在民谣圈已有些知名度，也有不少粉丝，其新浪微博粉丝就有五万多，自然都成为了淘宝网店的潜在客户（见图 2-9）。

图 2-9 好妹妹乐队在微博推广淘宝店铺

2. 博客推广

博客的平台包括 QQ 空间、新浪、网易、百度空间、搜狐等，如果卖家能够通过好的文章吸引粉丝，那么在后期就能够直接将粉丝变为客户。

3. 论坛、贴吧推广

这种推广方式最为直接，但是卖家要选择目标客户活跃度高的论坛和贴吧做推广。

4. 问答推广

国内目前最活跃的问答网站有很多，如果能够主动去提问有关自己淘宝网店的信息并进行回答，也会获得不少流量。

【案例】一位在淘宝网代理韩束化妆品的卖家便利用百度问答获得了不少客源，他在百度问答中提问一些关于韩束化妆品的问题，之后会有人进行回答，当然回答者中有竞争对手，也有对韩束有所了解的用户，后续与这些用户加好友或者聊天，这些用户最终都能够成为潜在客户或客户（见图 2-10 和图 2-11）。

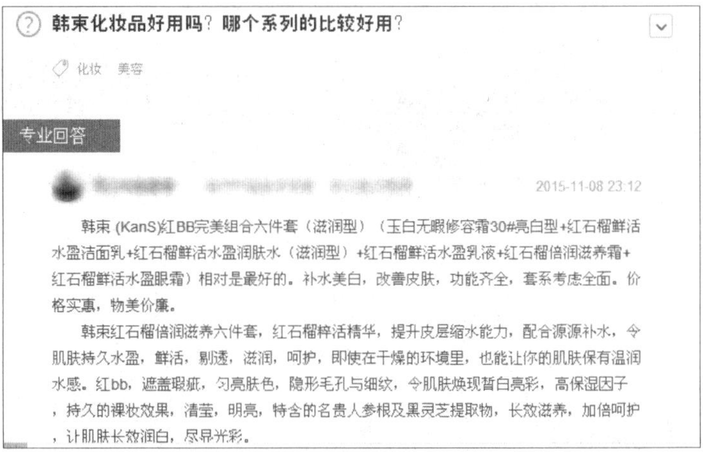
韩束化妆品好用吗？哪个系列的比较好用？

化妆 美容

专业回答

2015-11-08 23:12

韩束 (KanS)红BB完美组合六件套（滋润型）（玉白无暇修容霜30#亮白型+红石榴鲜活水盈洁面乳+红石榴鲜活水盈润肤水（滋润型）+红石榴鲜活水盈乳液+红石榴倍润滋养霜+红石榴鲜活水盈眼霜）相对是最好的。补水美白，改善皮肤，功能齐全，套系考虑全面。价格实惠，物美价廉。

韩束红石榴倍润滋养六件套，红石榴粹活精华，提升皮层缩水能力，配合源源补水，令肌肤持久水盈，鲜活，剔透，滋润，呵护，即使在干燥的环境里，也能让你的肌肤保有温润水感。红bb，遮盖瑕疵，匀亮肤色，隐形毛孔与细纹，令肌肤焕现皙白亮彩，高保湿因子，持久的裸妆效果，清莹，明亮，特含的名贵人参根及黑灵芝提取物，长效滋养，加倍呵护，让肌肤长效润白，尽显光彩。

图 2-10　百度问答

图 2-11　卖家在百度问答中解答用户问题并与用户建立联系

5. 百度百科推广

百度百科推广方式比较有可信度，卖家如果能够在百度百科设置词条，那么会在百度获得相当高的搜索权重（见图 2-12）。

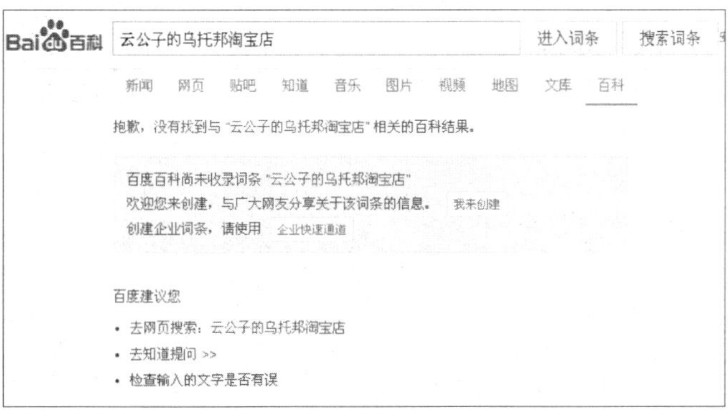

图 2-12　百度百科创建淘宝店名百科

6. 百度经验推广

百度可以说是淘宝卖家免费推广的最好平台，百度经验自然也是一块好的推广阵地，并且它非常容易成功，卖家只要按照百度经验的要求分享经验，就可以发布出去。

7. 供求信息网站推广

不论是58同城还是赶集网，或者是一些供求信息发布平台，卖家发布的信息都能够成为淘宝卖家的推广平台，只要卖家留下自己的QQ、微信、电话及淘宝网店的网址链接，有人看到可能就会与其联系，或者直接进入其淘宝网店，这些平台主要是用来发纯广告的，不过只有对某商品有需求的人才会联系卖家，所以卖家在发布信息的过程中一定要写清楚自己可以提供的商品。

8. 纯买家网推广

纯买家网可以免费发布信息，所以也可作为一个推广平台，用百度搜索纯买家网会出现包括画皮网、疯魔网等纯买家网，卖家可以在其上注册后发布信息进行推广（见图2-13）。

图2-13 百度搜索纯买家网

除了以上说的八种免费推广方式，还有 QQ 群推广、邮件群发、利用求购网推广等多种免费推广方式。卖家只要肯花时间、有恒心去做推广，都会获得不错的效果。

2.2.2　淘宝网外部付费推广方式

对于站外推广，很多人都以为只要肯花钱做广告就能有收获，事实上并没有这么简单。因为做广告容易，但要想物有所值，卖家就需要有所选择地进行付费投放。在这里我们推荐几个站外推广效果不错的平台。

1. 广点通

目前腾讯在社交软件领域已是佼佼者，无论是微信公众号还是腾讯 QQ，所以卖家如果能够在腾讯的几款产品中投放广告，一定会获得更多的流量。腾讯的社交媒体不仅使客户黏性大，而且推广资源丰富，美丽说、蘑菇街便是靠 QQ 空间推广成为有名的购物平台的。

2. 聚效广告平台 MediaV

这个平台投放广告与其他平台相比较贵，但是平台内所设计的网站都是国内顶尖的门户网站，可以说流量丰富，非常适合淘宝网店的一些品牌店铺入驻，天猫很多大卖家常用这个平台进行推广，效果非常不错（见图 2-14）。

图 2-14 聚效广告平台成功案例页面

3. 新浪微博粉丝通

在站外免费推广中我们推荐过微博，微博是一个很好的推广平台，当然微博也有付费的推广方式，例如新浪微博的粉丝通，可以通过置顶商品推荐信息推荐商品，利用粉丝通，我们可以将我们的微博推送到其他用户的微博中，利用转发、点赞的方法付费投放商品广告，效果也非常好。

4. 微播易

微播易是一个社会化媒体精准营销平台，里面汇聚了不少微博、朋友圈的名人、公众号，淘宝卖家可以选择适合自己淘宝商品的公众号进行付费推广。只需让公众号帮我们转发广告，便能够获得不少流量。相似的平台还有微启创，两个平台盈利模式基本一致，淘宝卖家可以根据自己所需进行选择。

5. 易传媒－风车广告联盟

易传媒是淘宝站外最大的多屏整合数字广告推广平台，它的流量非常大，价格优惠，且推广效果显著。该平台以 CPV 富媒体漂浮广告的模式进行网络推广，1个月投入600元推广费用，每天都有超过1万人次的广告浏览量，可以说是淘宝店铺最可选择的推广平台之一。

卖家如果想将淘宝网店做大做强，推广是必不可少的，推广是花钱的事情，但是花钱也要花得值，卖家只有选对推广平台才能起到事半功倍的效果。

2.3 直通车的运用

直通车是淘宝提供给淘宝卖家的付费推广渠道，有很多好处，例如投放精准、见效快。不过付费推广自然要付费。很多刚起步的卖家可能会比较犹豫是否要进行付费推广，但是如果不花钱做推广则很可能没有流量。流量是淘宝网店的命脉，没有流量必然死路一条，所以利用直通车进行推广无疑是淘宝卖家可以考虑的一种选择。

2.3.1 直通车的三种匹配方式

直通车是推广淘宝网店的一个有效方法，卖家想要开通直通车，必须满足三个条件：开通消保缴纳保证金、信用等级要大于或等于2心、店铺的动态评分各项大于或等于4.4分。

直通车最多可以一次性推荐800个关键词，在买家搜索商品的时候，如果搜索的词与卖家设置的关键词匹配度越高，就决定了卖家的商品越有获得展示的机会。卖家添加关键词时需要为关键词设定一种匹配方式。目前三种匹配方式包括精确匹配、中心词匹配、广泛匹配三种，那么这三种匹配方式有什么不同呢？这里我们拿“白色连衣裙”举例。白色连衣裙的精确匹配是“白色连衣裙”，买家只有搜索“白色连衣裙”这个短语时卖家的商品才会获得展示；而中心词匹配，则在买家输入“白色连衣裙”“雪纺 白色连衣裙”“卡通 韩版 白色连衣裙”时都能被展示；广泛匹配的匹配度更高，买家输入“白色连衣裙”“雪纺 白色连衣裙”“卡通 韩版 白色连衣裙”“可爱 连衣裙”“雪纺连衣裙”时均可获得展示（见表 2-1）。

表 2-1　三种匹配的区别

卖家设置的关键词	关键词匹配的方式	买家搜索哪些关键词时，宝贝有机会展现	标识符号
【白色连衣裙】	精确匹配	白色连衣裙	【】
“白色连衣裙”	中心词匹配	白色连衣裙 雪纺 白色连衣裙 卡通 韩版 白色连衣裙	“”
白色连衣裙	广泛匹配	白色连衣裙 雪纺 白色连衣裙 卡通 韩版 白色连衣裙 可爱 连衣裙 雪纺连衣裙 ……	无

这里不难看出，广泛匹配涉及的词是比较广的，这也说明卖家获得的展示机会比较多，但是精准度较低。而精准推广的话，获得的展示比较少，所以这里就需要各位淘宝卖家按照适合自己的关键词进行推广。

卖家在淘宝卖家后台登录直通车自助系统后选择进入推广计划，点击直通车选项即可设置关键词匹配方式（见图 2-15）。

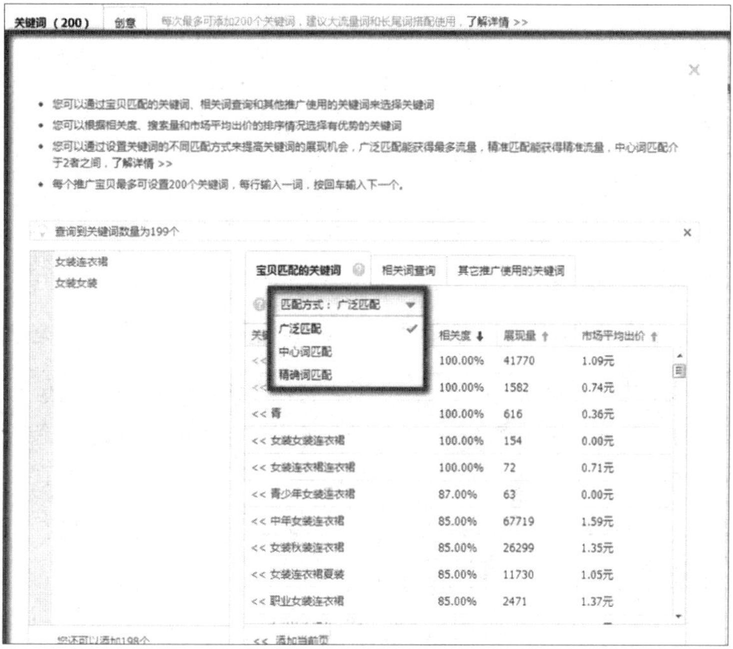

图 2-15 淘宝直通车匹配方式选择页面

由于直通车是竞价展示的形式，如何出价也成为卖家获得展示机会的技巧，但如果你是小卖家，千万不要盲目去抢头三条的位置，这些位置一般是财大气粗的大品牌、大卖家的必争之地，如果小卖家去抢，花了钱也不一定能抢到，其实除了头三条的位置外，卖家在首页的其他位置或者前三页的位置中展示商品，都可以获得良好效果，点击率能占全网的 60% 以上。如果能进首页展示商品自然好，但是首页还有一个风险就是除了客户点击，同行也有可能恶意点击，烧钱的速度很快，这曾使不少小卖家损失惨重，所以小卖家千万不能跟着直通车一味加价。而要做好内容，提高店铺质量得分，多优化关键词，强化店铺宝贝质量，抓住有限的点击和访问用户，这样卖家即使花费很小的开销，商品也能获得不少的点击量。

2.3.2 使用直通车的小技巧

直通车作为淘宝网提供的众多推广工具之一，自然有其优势，那么如何运用好直通车这个推广工具呢？这就需要卖家明确了解直通车能够给自己带来哪些方便、什么时候开通直通车比较好。在利用直通车进行推广的时候，一般有以下几种情况：

（1）卖家若想预热某一个当季流行商品，那么此时便可以开通直通车快速提供该宝贝的权重和销量。

（2）某一应季商品销量不错，很受客户青睐，卖家可以开通直通车打造爆款，吸引更多流量。

（3）利用直通车吸引流量，借此打造爆款，从而带动店铺其他宝贝的流量。

（4）新品上市，借助直通车去测试新款宝贝。

直通车的推广方法有很多，卖家只要能够利用起来，都能够为店铺带来不错的流量并促进销量。那么不同情况下，卖家该如何操作呢？这里我们举例来说明如何预热一款当季流行产品。

【案例】一款男式长袖格子衬衫，拓凡服饰淘宝网店做的关键词是“格子衬衫”，先把这样的中心词“养”起来，养到10

分，等到当季来临，即旺季的时候，又加入了包括“纯棉格子衬衫”“冬季格子衬衫”等。后期加入的词可以提高格子衬衫这个词所衍生出来的权重（见图2-16）。

图2-16　格子衬衫关键词搜索页面

案例中我们提到了一个词——养词。如何养词呢？就是卖家通过收藏宝贝和店铺，开通直通车把商品“养”到后面，依靠高点击率把质量分提升，等旺季流量来的时候，直接做促销进行卡位就能提升商品销量了。

2.4　如何借助淘宝客进行推广

淘宝客的发展日新月异，这令很多人加入了淘宝客的行列，目前已有一批利用网络推广赚钱的专职淘宝客。淘宝客相对于直通车来讲，有更多的优势，也更受中小卖家的喜欢。

2.4.1 如何寻找合适的淘宝客

卖家选择适合自己的优秀的淘宝客就像招聘员工一样，要慎重考虑，因为选择了他就相当于把自己淘宝网店的前途交给了他。那么在众多淘宝客当中，卖家如何才能找到既优秀又适合自己的淘宝客呢？我们在这里给大家介绍几种寻找淘宝客的方式。

1. 挖掘有价值的淘宝客

卖家应挑选一些流量大、成交率高、收藏量比较大的淘宝客推广渠道进行收藏，例如有些淘宝客利用微博、博客进行推广。淘宝客一般会在个人资料中留下 QQ 号或者邮箱、电话等信息，卖家可以利用这些信息跟他们互动，或者直接联系他们。

2. 搜索关键词

利用百度搜索一些跟淘宝网店推广相关的关键词，会出现不少网站推广、淘宝推广的链接，卖家可以直接点击链接，在链接中找到淘宝客的联系方式进行合作（见图 2-17）。

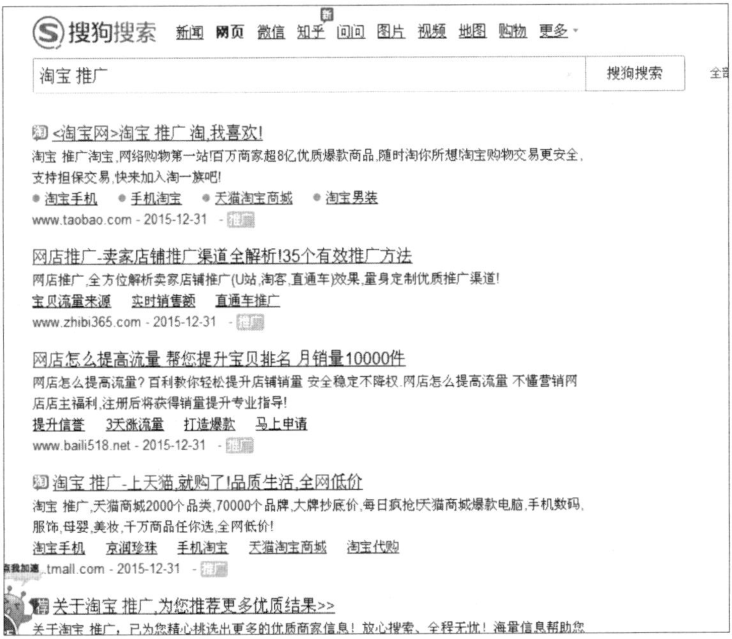

图 2-17　百度搜索淘宝推广页面

3. 利用淘宝客 QQ 群

目前网上有很多淘宝客 QQ 群，卖家可以通过这些群来寻找淘宝客资源，在招募淘宝客的时候将店铺的佣金高、转化高、额外奖励高等有吸引力的一面展示出来，可以吸引淘宝客主动与你联系（见图 2-18）。

图 2-18　QQ 群搜索淘宝客页面

4. 关注同行淘宝客推广情况

几乎每个淘宝卖家都比较关注同行店铺的经营状况，特别是跟自己店铺风格相似的同行店铺。卖家可以了解同行店铺淘宝客的佣金比例、30 天推广量和佣金支出情况，如果其店铺中有爆款的话，可以先了解其爆款的淘宝客推广量和佣金比例，另外还要详细了解同行店铺中各个定向计划的淘宝客参与数。如果淘宝客参与数高，则证明同行聘请的这个淘宝客能力不错，挖来也可以。

卖家若能聘请到能力强的淘宝客，对淘宝网店的发展和提升销量都非常有意义，了解自己的店铺情况和行业，然后利用淘宝客做好相应的转化，则能帮助店铺提升销量及曝光量，同时也能够保有金牌卖家资质。

2.4.2 淘宝客常用的推广手法

淘宝客是很多淘宝网店依赖的推广方法，但是也有一些小卖家或者初入淘宝市场的新手卖家并没有那么多的预算找淘宝客帮忙做推广，那么卖家们也可以学习几招淘宝客常用的推广方法，自己做一些简单的推广。

1. 群发

这是最原始的推广方法。卖家可以把自己的淘宝链接群发到各个 QQ 群、旺旺群，可以利用各种社交聊天工具进行群发，或进行邮件群发等。群发的方法是最简单、直接的，也是最原始的，不过它的转化率并不高，因为在一个有主题的、活跃的群里发广告，可能会被群主踢出该群，而在一个不太活跃的群里发广告，则有可能无人问津。群发虽然作用不大，但是群给我们带来了潜在客户，卖家如果能够采用一对一的聊天形式去做推广，虽然见效缓慢，但是却比在群里直接做推广更有效果。

2. 论坛发帖

论坛发帖是最容易被炒作的推广方式，如果卖家没实力雇人，就只能亲自到贴吧贴淘宝网店的链接。但是如果卖家有能力策划炒作话题，使自己的店铺火起来也很有可能。

【案例】在百度搜索某类目排行榜，会出现百度贴吧、天涯等一大批相似标题的文章，这些都是推广帖。当然每个卖家都希望通过这一方法宣传到自己的店铺，而帖子的发布者所发的帖子主要是为了推广自己店铺的链接。如图 2-19 和图 2-20 所示，有位叫咏明的楼主在天涯论坛发了一篇关于将某类目淘宝网店整合出排行榜的帖子，下面跟帖的人有很多。

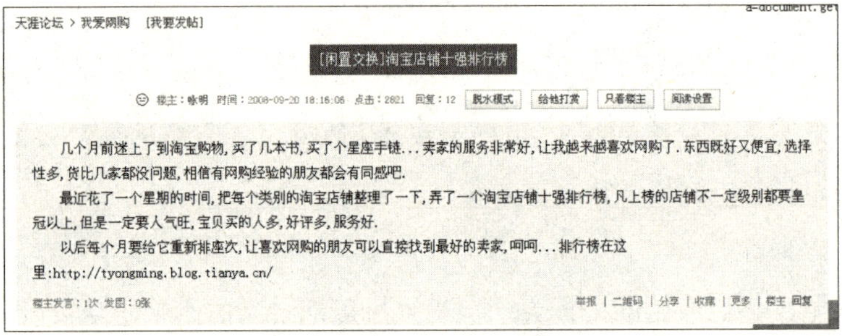

图 2-19　咏明天涯论坛推广帖

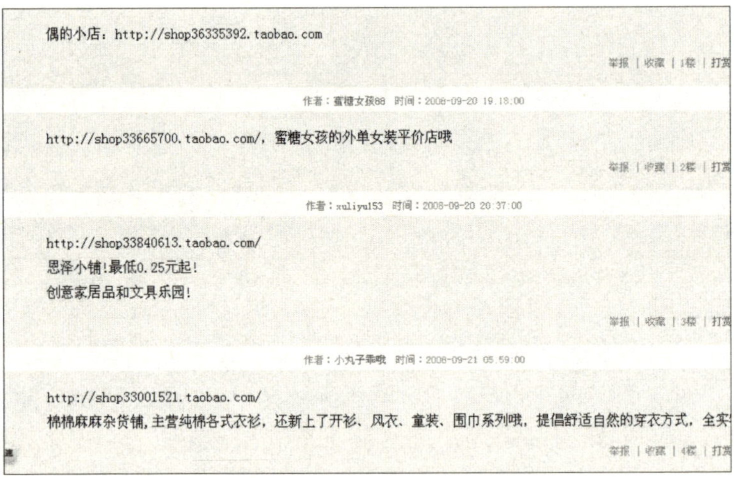

图 2-20　其他淘宝店主跟帖的店铺链接

这种方法一定程度上也会为店铺带来不少流量，如果一直有人来发帖、顶帖，则该帖可以一直排在前排首页，从而为店铺带来更多流量。

3. 利用博客推广

不论是在新浪博客还是在网易博客，我们都可能会看到一些专门教人如何护肤或者穿衣搭配的博主，这些博主很可能就是某淘宝网店的店主，她们名为教人穿衣搭配，实为帮助自己的淘宝网店做推广，吸引客流。这种方法往往能收到很好的效果，如果做得好，比贴吧效果更佳。

【案例】粉红大布娃娃是一家有名的淘宝网店，其服装风格独具特色，卖家利用博客宣传其店铺，也获得了不少粉丝。其发表的博客一般以文章为主，大部分是软文性质，让客户对品牌产生好感，进而获得准客户（见图2-21）。

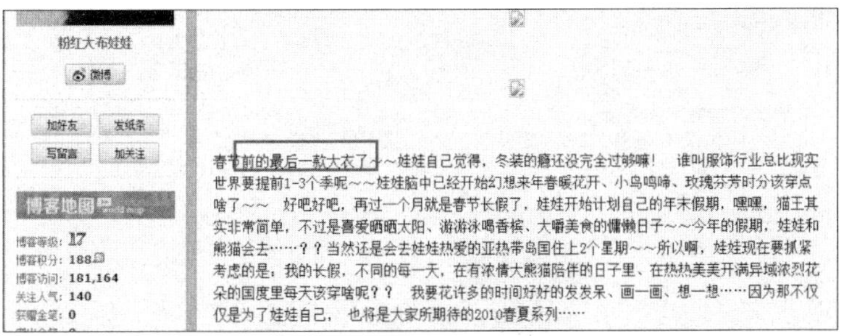

图2-21　粉红大布娃娃博客内文

4. 网站推广

很多有实力的淘宝网店都建立了自己的网站，如果网站排名比较高，则可以获得很好的推广效果。例如在百度搜索淘宝网女装，即会出现不少淘宝卖家自己开设的服装网站，这种利用关键词提升网站权重的淘宝卖家都收益良多，可以说是一个很好的推广方法，很多淘宝客也会用这种方法帮助淘宝卖家进行推广（见

图 2-22)。

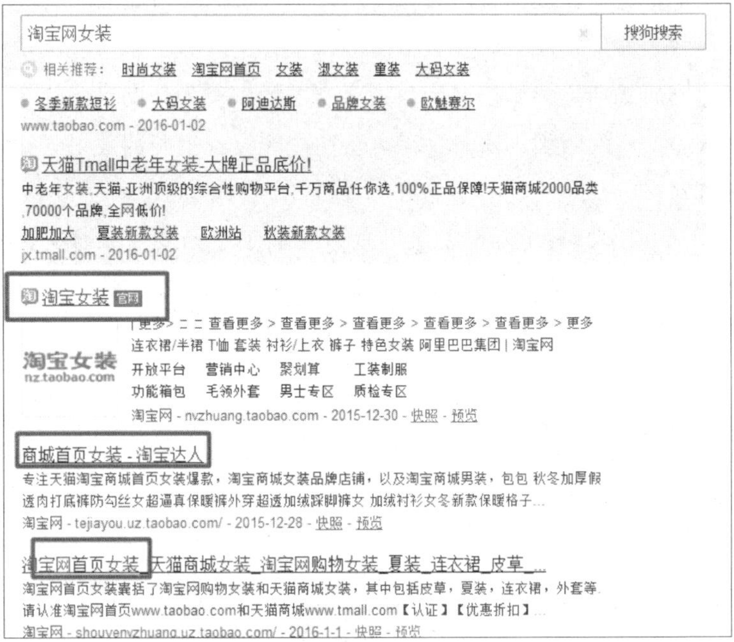

图 2-22　搜索淘宝网女装出现淘宝网站及网址

如果很多中小卖家没有预算找淘宝客做推广，可以学习淘宝客的常用推广方法，然后自己摸索、自己推广。其实推广并没有想象得那么难，推广的方法千千万，有简单的，也有技术要求高的，只要淘宝卖家肯花时间去研究、去行动，就一定能够有所收获。

2.5　如何利用钻石展位更好地推广商品

钻石展位，是淘宝网提供的一种推广方法，钻石展位有两个最大的用途，一是打品牌，二是促销。如果淘宝卖家利用好这个推广方式，就能很好地帮助店铺吸引流量。钻石展位的 PPC（Pay Per Click，按效付费）比直通车要低，并且也是可控的。

2.5.1 开通钻石展位要求及钻石展位的优势分析

钻石展位是每一个淘宝卖家都要重点运用的工具，那么淘宝卖家如何开通钻石展位？钻石展位又为淘宝卖家提供了哪些支持呢？首先卖家需要了解申请钻石展位的条件和要求，然后学习作为一个新手应如何投放钻石展位才能收到更大的效果，此外还需知道利用钻石展位做推广所带来的优势。

钻石展位就像高速公路上的广告牌，能够帮助卖家打造品牌优势，它成本低、流量大，自然成为了淘宝卖家们的争抢之地。但是并不是每一个淘宝卖家都有资格开通钻石展位，而是须满足条件方可开通，淘宝网针对想开通钻石展位的店铺，从淘宝网店本身、店铺内商品以及店铺内使用的图片方面提出了一些要求。

1. 店铺要求

店铺的主营类目要在支持投放的主营类目范围内；店铺每项 DSR 在 4.5 以上（特殊类目无 DSR 或者可相应放宽，由淘宝网决定）；店铺好评率要在 98% 以上且信用等级在三钻以上；店铺中正在出售的商品数量在 10 件以上。

2. 商品要求

不得推广淘宝明令禁止的商品或信息，如高仿、减肥、情趣类商品等；根据淘宝类目不同，如经营化妆品、保健品等类目商品的店铺，需按淘宝要求提交相应的资质文件；淘宝网对部分广告商品还有特殊要求，如箱包、家纺等，符合要求的店铺方可向淘宝网提交广告信息。

3. 图片要求

淘宝网首页严禁出现 FLASH 广告，只能用 JPG 格式或 GIF，字体建议使用方正字体、宋体、黑体；除非有授权，素材创意中禁止出现旺旺表情、QQ 表情等由产商设计的表情图片；禁止使用未经授权的明星、模特图片。

满足以上 3 条要求的淘宝网店就可以开通钻石展位，开通钻石展位能够为淘宝卖家带来超高流量，因为钻石展位有六大优势（见图 2-23）。

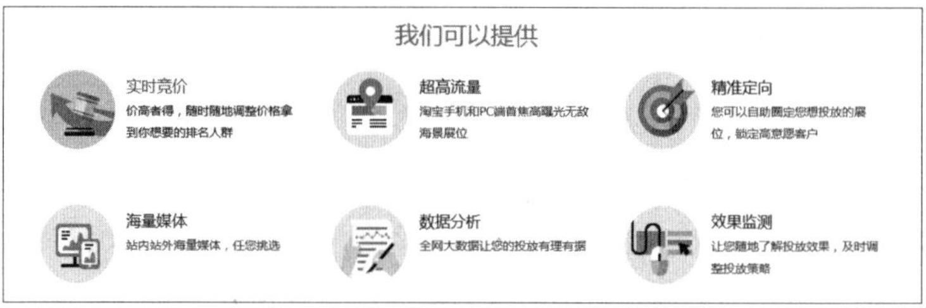

图 2-23　钻石展位的六大优势

2.5.2　钻石展位定向投及其收费方法

定向投能够帮助淘宝卖家获得精准客户，它能够根据客户的历史行为，给每个来访的客户都标注上相应的标签，然后在卖家设置广告计划的时候，根据不同标签的人群，把广告展示给卖家想要展示的、具有相应标签的人群。如果卖家不设置定向，那么所有的客户都可以看到卖家的广告，虽然说推广范围大了，但是客户的购买几率却降低了，所以定向是卖家精准引入流量的关键（见图 2-24）。

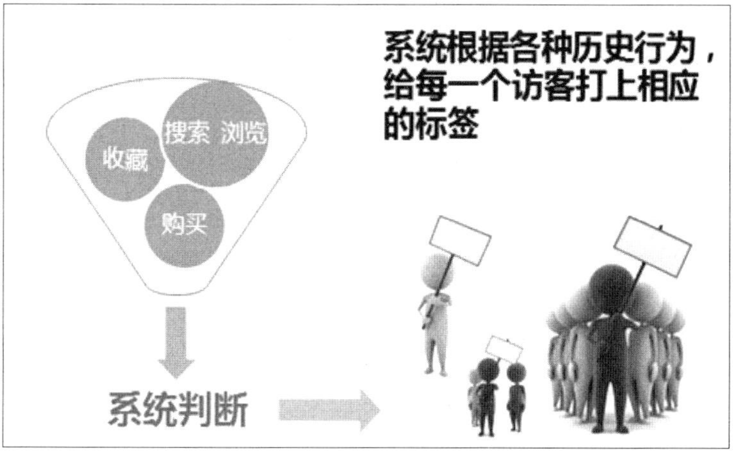

图 2-24　钻石展位定向投流程图

钻石展位定向投有三种定向方式：一是群体定向；二是访客定向；三是兴趣点定向。

（1）群体定向是指系统根据所有消费者的历史浏览、收藏、购买、搜索等行为，在分析消费者可能潜在点击或购买的商品类型及价格区域后，分为不同价格倾向对其进行广告投放。这种群体定向的主要特点是流量大，但是范围较广、精度不高。

（2）访客定向和群体定向同样是由系统根据所有消费者的历史浏览、收藏、购买等行为进行定向分类，但访客定向的不同之处是系统会根据这些行为分析消费者与店铺的关联关系，然后选定店铺的 ID，对与选定的店铺有关联的访客进行广告投放。

（3）兴趣点和群体定向的原理基本相同，但是兴趣点则投放得更精准，它能够精准到二级类目，广告主可以选择的兴趣点个数高达 1500 个。

设置定向投放的卖家需要填写单元名称，然后选择定向方式，具体步骤如下：

第一步，设置推广单元名称，选择定向方式（见图 2-25）。

图 2-25　设置推广单元

第二步，设置访客定向。

卖家输入种子店铺，系统会自动推荐与卖家的店铺风格相似的店铺，对其店铺中的访客进行定向，一般输入一个种子店铺就可以。自主添加店铺则是在卖家输入若干个店铺旺旺的 ID 后，系统会直接定向投这些店铺的访客。自主添加店铺时，卖家可以多填写几个店铺，圈定人数一定不能太少（见图 2-26）。

图 2-26　访客定向设置

第三步，设置兴趣点定向。

由于兴趣点流量相对较大，卖家在设置兴趣点定向时不要把系统推荐的所有兴趣点都一起添加，一般来说，卖家想推广什么产品，就添加与此产品最相关的 2~3 个兴趣点即可（见图 2-27）。

图 2-27　设置兴趣点定向

第四步，添加资源位。

卖家可以在资源位页面选择已收藏的位置，或者直接搜索位置（见图 2-28）。

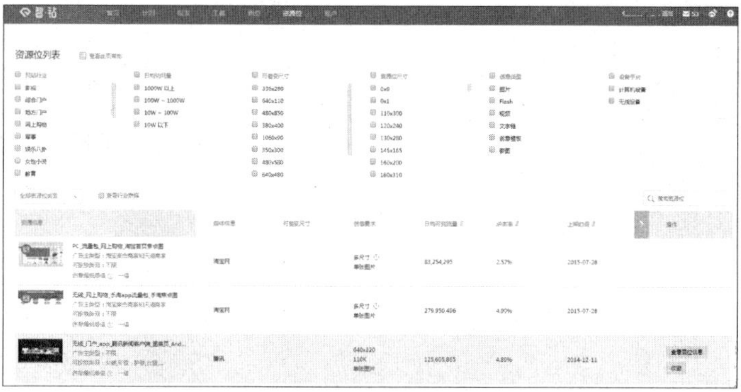

图 2-28　资源位页面

第五步，出价。

卖家参考各个定向方式中，系统对每个资源位的建议出价，在投放过程中按照获取流量的多少来调整出价即可（见图 2-29）。

图 2-29　定向投设置出价页面

第六步，添加创意，保存计划。

卖家应从创意库中选择已经审核通过的创意进行添加，在一个计划中，卖家可以创建多个推广单元（见图 2-30），点击保存，即设置完成。

图 2-30　定向投添加创意页面

设置完成后，就该说到收费的问题了，钻石展位是如何收费的呢？和直通车一样，钻石展位也是按照 CPM 竞价收费，既然是竞价收费，那么系统肯定会按照出价高低进行排名。在某一时间段，出价高者会被优先展现，等到出价最高的卖家的预算被消耗完便轮到下一位卖家展示商品，如此类推，排名靠后的卖家的商品则几乎不被展现。系统会自动统计广告被点击的次数，在钻石展示后台报表中给卖家反馈，按照每千次展现收费，如果不满 1000 次点击，系统则会自动折算费用。例如卖家出价 6 元，那么广告被看 1000 次后就收取 6 元，当然广告没有被点击则不收费。

2.6 淘宝活动间接推广

在淘宝网卖家中心的营销推广区域中，系统列出了很多营销工具，这些营销工具多是些活动方式，例如天天特价、满就送、限时打折、买多多等几十种营销活动，卖家推广是为了达到营销的目的，如果卖家能利用好这些活动进行推广，也能起到意想不到的效果。

2.6.1 淘宝活动简介

淘宝内部提供的活动及第三方的营销活动有很多，卖家参与这些活动在为店铺带来不少销量的同时，也能起到推广店铺及单品的效果。所以对于淘宝卖家来说，知道这些淘宝活动规则及其作用，是有很大好处的（见图 2-31）。

图 2-31　淘宝服务卖家活动页面

下面我们介绍几种比较常用的，并且推广效果显著的活动，包括满就送、限时打折、搭配套餐、促销专家、全民促销、冰点营销六种淘宝活动。

1. 满就送

满就送顾名思义是买满一定金额或一定数量的商品，即有赠品。此活动可以免费试用半个月，此后开通期限为一个季度、半年、一年等。开通一个季度的费用是 24 元；开通半年为 48 元；开通一年为 96 元。满就送的赠品可以是流量包、优惠券、彩票、电子书，或满就减现金、免邮、换购等多种不同的形式。该活动可以提升店铺销售业绩；提高店铺购买转化率；提升销售笔数；增加商品曝光力度；增加买家在店铺中购物的乐趣（见图 2-32）。

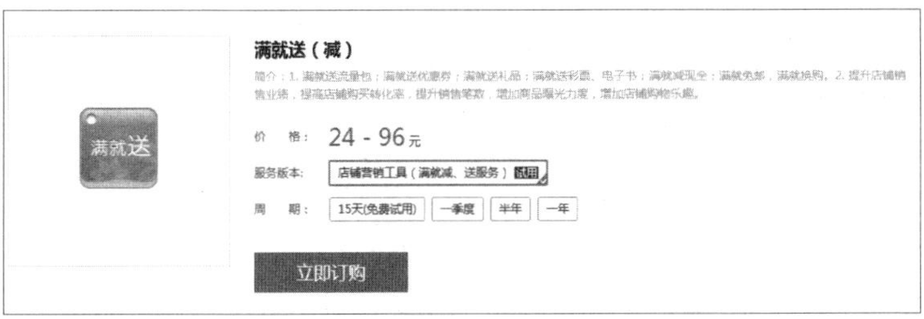

图 2-32　满就送订购页面

2. 限时打折

限时打折是由卖家设置的限时限量的打折活动，方便买家迅速寻找打折商品，卖家能够以超低折扣吸引流量，限时限量刺激买家的购买行动力。卖家初次开通限时折扣可以免费试用半个月，此后可以选择开通一季度、半年、一年。一季度费用为 30 元；半年费用为 60 元；一年费用为 120 元（见图 2-33）。

图 2-33　限时折扣订购页面

3. 搭配套餐

顾名思义，搭配套餐是指卖家可以将几种商品组合设置成套餐来销售，通过促销套餐让买家一次性购买更多商品来提升销售业绩、提高购买转化率、提升销售笔数、增加商品曝光率、节约人力成本。搭配套餐活动不支持虚拟类商品，可免费试用半个月，此后每季度费用为 15 元；半年费用为 30 元；一年费用为 60 元（见图 2-34）。

图 2-34　搭配套餐订购页面

4. 促销专家

促销专家包括 40 多种推广工具，这些推广工具每个淘宝卖家都应该知道。卖家除了按照时限开通该活动外，还可以开通该活动的高级版包年服务和至尊版包年服务。开通一季度收费 28 元；开通半年收费 55 元；开通一年收费 88 元（见图 2-35）。

图 2-35 促销专家的多项功能

5. 全民促销

全民促销包括体验版和 VIP 会员版，两个版本均可免费试用半个月，而免费试用期结束后体验版只有一年的时限可选，费用为 120 元；VIP 会员版的可选时限包括一个月、一季度、半年、一年，费用分别为 10 元、25 元、45 元、85 元。全民促销是淘宝网店做活动必备的功能，能在提升商品销量的同时起到推广店铺的作用，吸引更多流量（见图 2-36）。

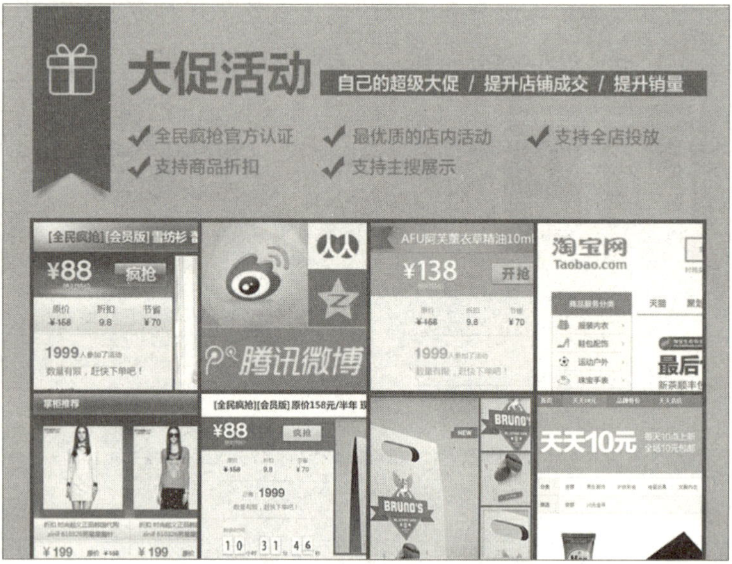

图 2-36　全民促销优势分析图

6. 冰点营销

冰点营销包括高级版和至尊版两个版本，至尊版不能被免费试用。高级版开通时限分为一个月、一季度、半年、一年，收费标准分别为 10 元、28 元、55 元、99 元；至尊版开通时限分为一个月、一季度、半年、一年，收费标准为 20 元、55 元、99 元、120 元（见图 2-37）。

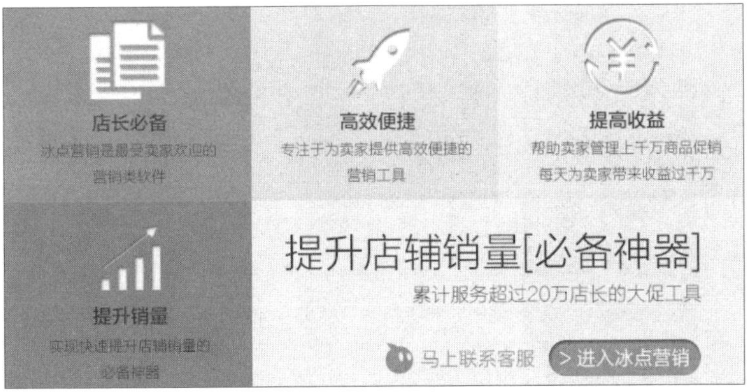

图 2-37　**冰点营销优势图**

除了上面介绍的六种活动，还有很多其他形式的推广活动，包括优惠券、广效宝、欢乐逛、美折、卖多多、火牛、宝贝团、淘助手、百宝箱、掌柜帮等。卖家只要选择适合自己的推广工具加以运用，都能获得提升销量、吸引流量的效果。

2.6.2　如何参与淘宝活动

除了上一小节中所介绍的活动外，卖家在淘宝卖家中心营销推广区域中，点击活动报名链接进入活动报名页面，可以看到淘宝网还会不定期推出一些其他活动，例如“双十一”、圣诞等节日活动，其他还有年货节、嘉年华等主题活动，卖家均可报名参与。曝光即推广，多参与一个活动，也意味着多一个推广的渠道。

当然有些活动是免费参与的，有些则需要被邀请，或者是需要卖家达到某一条件后才可以参与（见图 2-38）。

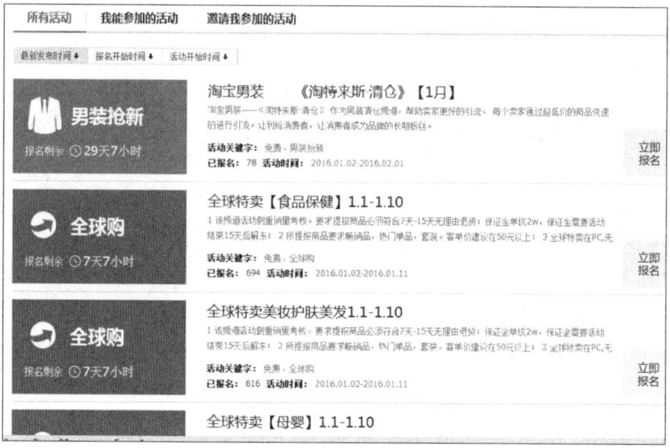

图 2-38　免费活动页面

这里以图 2-38 中的一个活动来举例，淘宝男装——《淘特来斯·清仓》，该活动主要是通过卖家的低价产品参与来吸引流量，让利给消费者，从而让消费者成为品牌的长期粉丝。当然虽然是免费参与活动，但也有门槛，并不是每一个淘宝网店的店主都可以参与，该活动对店铺和商品以及类目都有要求（见图 2-39 和图 2-40）。

对店铺的要求

你的资质	资质名称	活动要求	操作
符合	要求店铺不在A类处罚（一般违规行为）90天处罚期内	要求卖家店铺不在A类处罚（一般违规行为）90天处罚期内;	查看
不符合	要求店铺为淘特来斯店铺	要求店铺为淘特来斯店铺; 您的情况：对不起，您不满足"淘特来斯"卖家的要求	查看
符合	30天内纠纷退款笔数	店铺30天内纠纷退款笔数需在0笔至6笔之间;	查看
符合	服务态度	店铺服务态度需在4.6分及以上;	查看
符合	未因严重违规行为处罚满12分被限制参加本年度营销活动	未因严重违规行为处罚满12分被限制参加本年度营销活动;	查看
符合	发货速度	店铺发货速度需在4.6分及以上;	查看
符合	未因虚假交易被限制参加营销活动	未因虚假交易被限制参加营销活动;	查看
符合	未因出售假冒商品被限制参加日常营销活动	未因出售假冒商品被限制参加日常营销活动;	—
不符合	要求店铺近30天内进行过无线装修	要求卖家店铺近30天内进行过无线装修; 您的情况：您的店铺不符合要求。活动要求卖家店铺近30天内进行过无线装修，您近30天内未进行过无线装修。	查看
符合	描述相符	店铺描述相符需在4.6分以上;	查看
符合	不在搜索全店屏蔽处罚期	不在搜索全店屏蔽处罚期;	查看

图 2-39　淘宝男装——《淘特来斯·清仓》活动对店铺的要求

活动要求	操作
要求商品不能有“区间价格”，活动要求商品各规格或类型价格一致；	查看
集市商品；	--
要求报名商品库存在规定范围之内需在1个至100个之间；	--
要求宝贝必须生成无线详情页；	查看

图 2-40　淘宝男装——《淘特来斯·清仓》活动对商品的要求

只要卖家的店铺或商品满足活动要求，或店铺经营的商品类目在活动所包含的类目中，卖家均可参与该活动。其他活动也如此，所以只要店铺达到一定级别，均可免费参与商品及类目相关的活动。

2.7　淘宝论坛推广

淘宝论坛是淘宝网专门为淘宝卖家提供的一个与淘宝买家交流沟通的平台，包括淘宝政策、卖家经验、活动流量、卖家故事、聚集热点、卖家服务、商家品质、网商讲堂等板块，淘宝论坛聚集的用户除了卖家之外，一般都是热衷淘宝购物的客户，所以卖家若在淘宝论坛进行推广，可以说是找到了目标客户群，事半功倍。

2.7.1　淘宝论坛推广需坚持

淘宝论坛是一个好的推广平台，但是利用淘宝论坛推广并非一日之功，只有坚持才能见效果。它和百度贴吧的性质有些像，但区别在于淘宝论坛更适合淘宝卖家做推广，它主要就是为了淘宝卖家及买家而存在的。那么卖家该如何去做推广呢?

首先我们需要选择适合自己淘宝网店的板块，选择用什么方式去推广，只有确定了推广方式，才能打下坚持的基础，也才能见效果。例如卖家是选择在卖家故事板块推广还是卖家服务，或者是网商讲堂，或者仅仅是帮助用户回答问题并以此来推广呢?卖家在选择推广方式时不能贪多，也不可到处发帖，否则只能露一面，却吸引不到任何粉丝。

当卖家选定了某个栏目后，就需要发帖，如果想让帖子一直持续大热，就需要顶帖。只有互动，帖子才会活起来，进而吸引更多的用户围观。其实发帖子也有技巧，如果卖家发的帖子不好，不能让用户产生兴趣，那么帖子瞬间就会沉下去。卖家发的帖子有的为单纯的广告帖，有的直接贴上其淘宝网店的链接，这两种帖子被论坛的人称为垃圾帖，千万不能发，别说卖商品了，用户连看都不会看，这样做甚至会影响店铺的形象，令许多用户绕道走。所以卖家发的帖子要有技术含量，让用户有一种即使是广告也爱看的想法，这种帖子一般就是软文。

【案例】一位新开淘宝网店的店主开店后，来访的客户很少，销量为零，于是就以半文言半调侃的形式在淘宝论坛发帖，描述自己的经历，令他意外的是回复者很多，之后其店铺的商品销量也逐渐上去了（见图 2-41 和图 2-42）。

图 2-41 软文帖

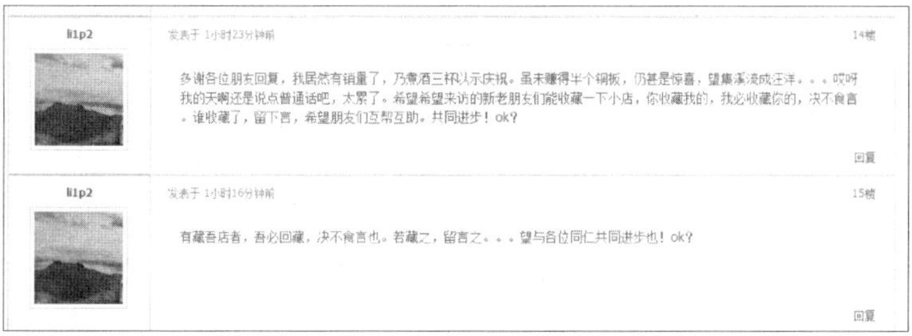

图 2-42 软文帖后续

在淘宝论坛推广，软文首先要写得有意思，只有先有意思，能吸引用户围观，才能谈坚持，坚持得越久吸引的用户就越多。当然软文帖并非不做广告，而是应在恰当的时机把自己的店铺信息及商品信息融进文中，让用户不知不觉地接受这些信息。

不只是淘宝论坛，在所有论坛、社区使用的推广方法都需要坚持，一般卖家所做的推广在短期内是看不到效果的，一个新人因为一篇帖子爆红的案例实在太少，所以做论坛推广一定要持之以恒，只要找对版面，写好软文，坚持发帖子，勤与用户互动就一定会有流量到店铺，至于转化，也是坚持就会有效果。

2.7.2 淘宝论坛发帖推广技巧

发帖子需要技巧，单纯的广告帖一定是没有用户点击的。上一节我们讲了发软文帖的技巧，除此之外，还有很多发帖子的技巧，这里我们将对帖子的内容、发帖的方法、如何取标题这些发帖细节进行分析。

文采不好怎么办？很多用户会怕自己文采不好，写的软文不好，担心自己发的帖子没人看，但其实只要是发了帖子，即使达不到精华帖的程度，也会有流量，虽然少点，但是却也胜于无。另外如果卖家实在觉得发帖技术含量高，写不出好软文，也可以对别人的帖子进行回帖，论坛推广就是为了让别人看到我们的店铺信息和商品信息，我们可以选择比较火的帖子去回帖，这样店铺及商品信息的曝光率提高了，还可能获得更多的流量，所以与其埋头写软文倒不如学会如何借力。

帖子的内容如何才能吸引人？什么样的帖子容易火？这恐怕是所有淘宝卖家都在研究的问题，其实好的帖子一定是用户愿意看的，比如娱乐八卦、有争议性的话题等。多数人都愿意去网上对明星和新闻事件进行评论，如果话题有争议性，可能会吸引一些用户展开讨论，甚至引起双方不同观点的对峙，越是这样，我们的帖子就越火，回复率也就提高了。

标题怎么取才好？论坛中的帖子那么多，如果一个帖子没有一个好标题，即使把该帖放在首页显示，也不一定能获得点击量。所以取一个好标题是一个帖子成功的第一步，因为标题就像一本书的封面，只有我们对封面有好感，才可能会翻开这本书，因此标题必须精炼又独特，同时还应具有一定争议性。只要帖子引发了用户的好奇心，用户一般都会点进去。

什么时间发帖更好？据统计，每天上午10点左右、中午12点30分左右、下午3点左右及晚上8点左右是论坛活跃度最大的时候，卖家可以选择这四个时间点发帖，这样回帖率比较高。

另外帖子不可以太长，并不是字数多就算好帖，在现在这种碎片阅读时代，很少有人会花时间看完一篇长篇大论，所以卖家发的帖子能用图片就不要用文字，即使用文字也一定要言简意赅不啰嗦。

最重要的一点是当卖家获得淘宝论坛的账号时，一定要好好利用签名和头像这两个天然的广告位，很多人会用自己喜欢的明星照片或者其他图片作头像，但是要明白我们的最终目的是为了推广淘宝网店或者商品，那么就不要凭个人爱好去设置，而要看是否有用。签名和头像可以设置为与自己店铺及商品有关的内容，这样无论在哪里发帖或回帖，都能够利用自己的头像和签名曝光店铺和商品，这也是卖家宣传自己店铺及商品的一种推广手段。

还有一个最重要的技巧，是发广告帖时一定不要在帖子的一开始就发广告，这样容易被删帖，但是在跟帖中发广告，就不容易被删帖。卖家在发帖时也可以先发一些无关紧要的内容，等过一段时间再修改帖子，并把自己的广告内容加入。只要卖家坚持每天到论坛发帖回帖，等账号等级提高了，就会有更多资本进行推广。

第3章

搜索引擎排名及优化的秘密

淘宝网上的店铺数量目前已经呈现出饱和状态，竞争非常激烈，淘宝卖家要想在众多淘宝网店中脱颖而出，就需要让更多的买家知道并且选择自己的商品。如果商品质量过关，就只需要把客户引入自己的店铺，而SEO（Search Engine Optimization，搜索引擎优化）便是引导客户进入店铺的好方法。

3.1 巧用搜索引擎推广淘宝网店

用户在搜索引擎词条中输入相应的关键词，系统会自动检索出相应的信息，淘宝网店可以通过利用关键词而被用户搜索到。

3.1.1 了解搜索引擎的搜索原理

搜索引擎优化也就是我们常说的 SEO，每个做淘宝网店的卖家对它应该都不陌生，因为在淘宝网店的引流工作中，它的功劳很大。SEO 技术可以使各类搜索引擎通过抓取互联网页面关键词的方式进行检索，并对某一关键词的搜索结果进行排名。运用好 SEO，可以帮助我们优化提升自己的店铺排名，促进店铺访问量的增加，从而提升销量。

那么卖家如何通过 SEO 对店铺进行优化，以提高排名呢？这里我们介绍两种途径。

首先，我们来说站外 SEO。站外 SEO 最有效的外部站点因素是反向链接，高质量的反向链接可以让淘宝网店更有吸引力，让更多的客户愿意点击进来，从而产生购买欲望，提升客户黏度；同时客户也可以通过链接进入其他优秀的店铺。其中优化效果最好的是文字链接，图片链接也有助于销售商品。

其次，我们来说下站内 SEO。首先卖家要选择带有关键词的域名，并且丰富站点的关键词，不论是在店铺商品介绍中还是促销文章中都尽量多用关键词，这样可以增加网站被搜索引擎抓取的次数。当然卖家也不能为了提升被抓取概率而堆砌太多关键词，还要考虑搜索引擎在找这篇文章时会抓取什么样的关键词，这和提及关键词的频率有关，也和标题、标签有关，相同的主题集中在一起也能提升被抓取概率，因为搜索引擎主要是为了给用户提供优质的信息，如果形成相对集中的话题，搜索引擎就会给卖家的商品信息页面一个比较靠前的排名。

3.1.2 如何利用搜索引擎进行优化

卖家开淘宝网店最关心的是什么？自然是流量，流量为王，有流量才会有销量。很多卖家进行了宝贝内容优化、标题优化、店铺优化，也参与了不少活动，但都收获不大，原因在于没有流量，如果一个淘宝网店流量少，是很难做起来的。

搜索引擎优化最重要的是关键词，如果淘宝卖家能够利用搜索引擎，设置一些关键词来让自己的淘宝网店在搜索引擎上获得相对靠前的排名，那么一定会获得大量的流量。下面我们介绍几种推出关键词的方法：

第一，利用博客做关键词。卖家可以多申请一些账号，例如在百度、腾讯、新浪、搜狐、网易等平台下均开通博客并发布文章，然后在文章内容里插入几条店铺宝贝的链接。一旦文章获得推荐，用户在搜索引擎中搜索相关关键词时就会搜索到卖家的店铺。

第二，直接借助现有的平台进行关键词优化，例如卖家可以在赶集网、百姓网、58同城等一些信息咨询网站直接发布信息，发布信息时需要在标题及文章里面提及店铺或商品的关键词，然后留下博客的链接。如果直接放店铺链接可能被视为广告帖删除，但若这些信息被搜索引擎收录了，则排名会更靠前。通过在现有的知名网站平台发布消息比自己申请博客所发的消息更容易被搜索到，因为这些网站本身权重高，搜索排名也会更靠前。

搜索引擎优化最重要的是关键词的选择，关键词选好，也就成功一半了。卖家不能选择太热的词，因为太热则竞争也更激烈，在众多进行付费推广的卖家中我们的信息很难排名靠前；当然卖家所选的关键词也不能太冷，太冷的关键词没有人搜索，做了推广也是白费功夫。所以卖家需要选用客户会搜索，但又不是太热门的关键词。例如“淘宝网女装”这个词在百度搜索中约有 600 多万词条，而“淘宝网女装冬装卫衣”则少一些。所以我们要尽量设置有人搜索又不太热门的词作为关键词（见图 3-1 和图 3-2）。

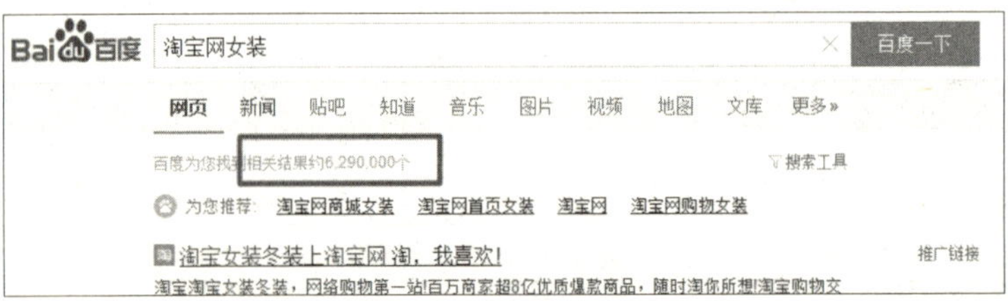

图 3-1 搜“淘宝网女装”页面

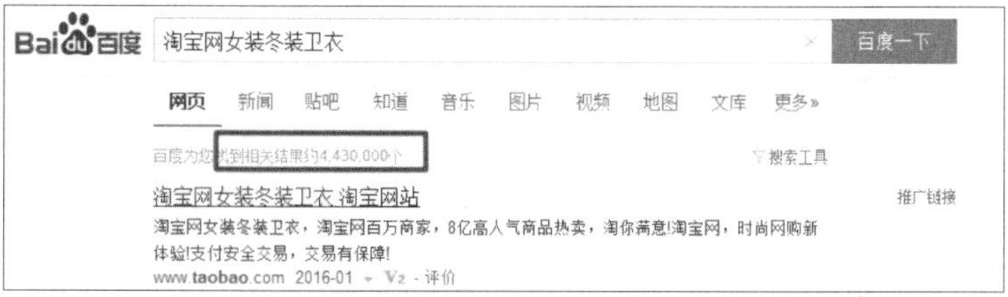

图 3-2　搜“淘宝网女装冬装卫衣”页面

至于如何选择关键词，卖家也可以利用百度指数来查询，有指数就说明有人搜索，指数越大，被搜索的概率越高，卖家所发布的信息的推广难度也就越大；指数越小，被搜索的概率也就越低，卖家推广信息的难度也就越小。卖家选择指数为多少的关键词，根据自己的情况，建议 200 左右就差不多了，指数太大的关键词很难做好推广。卖家查询指数可以在百度指数页面输入想查询的关键词（见图 3-3），点击搜索，即出现所查询的关键词的指数，这里我们以“淘宝网女装”为例（见图 3-4）。

图 3-3　百度指数查询首页

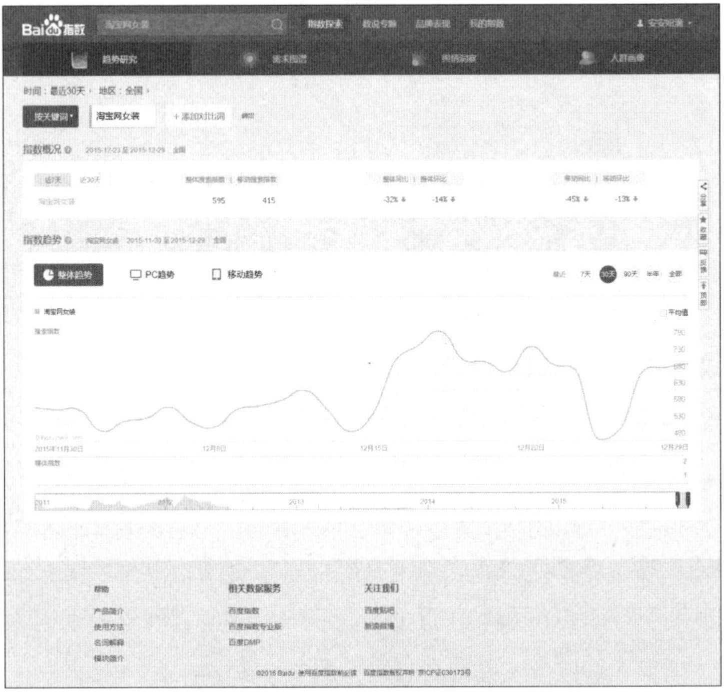

图 3-4 百度指数查询结果页面

卖家做搜索引擎优化需要先知道搜索引擎有哪些，在全球十大搜索引擎中，我们所熟悉的有百度、谷歌、阿里巴巴、雅虎、微软、eBay、时代华纳、Ask.com、Yandex（俄罗斯搜索引擎）、NHN（韩国搜索引擎）。其中国内用户最常用的是百度和谷歌。

3.2 把握淘宝网店中的关键词优化

既然搜索引擎优化主要是靠关键词，那么在利用站外资源的同时，我们也应该在淘宝网店内合适的位置设置关键词，例如可以设置店铺简介、商品详情页关键词及标题关键词。只要在淘宝网店中设置好关键词，便能够提升店铺的搜索排名。

3.2.1　关键词的选择和标题关键词的设置技巧

做 SEO，最重要的是关键词，但是每个关键词都会有人用，如何选出有效关键词就成了关键。那么如何选择这些关键词呢？这里我们介绍四种方法。

（1）选词主要以选择淘宝网官方推荐的关键词为主，这样就能增加推荐概率。淘宝首页的系统推荐词能够把握市场风向标，卖家若利用好这些推荐词能达到事半功倍的效果（见图 3-5）。

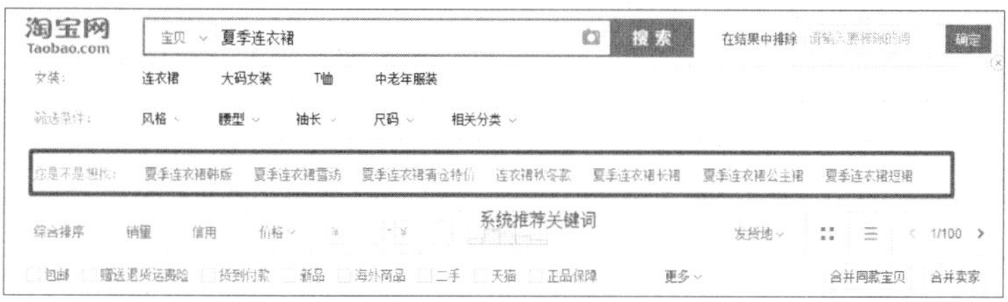

图 3-5　淘宝系统推荐关键词

（2）淘宝 TOP 排行榜。淘宝排行榜主要反映的是市场趋势，能够显示出市场中搜索频率上升和搜索量最大的关键词，这些关键词对于卖家优化标题来说非常重要，如果卖家能够将上升关键词设置为淘宝标题关键词，那么被搜索出的概率就会增加。同时如果卖家在上升关键词中再选出竞争性相对较低的搜索关键词，更能够获得意想不到的良好效果。

（3）淘宝搜索框下拉关键词。淘宝搜索框下拉关键词是淘宝系统根据客户搜索频率推荐的词，这些关键词都是搜索频率较高的、在 SEO 标题中必备的关键词（见图 3-6）。

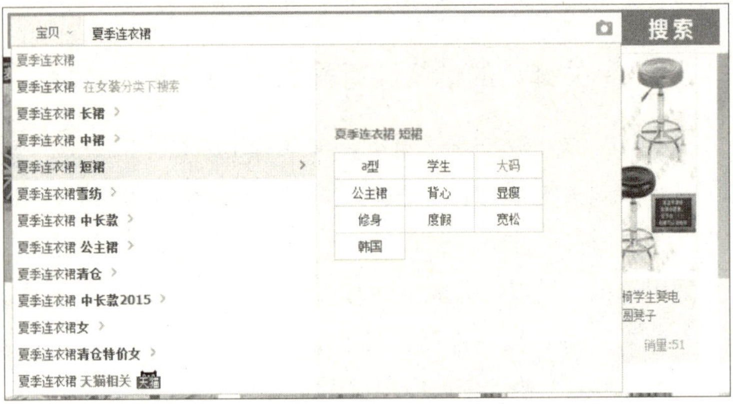

图 3-6　淘宝搜索框下拉关键词

（4）数据魔方中的淘词。淘词功能强大，我们可以清晰地看到不同关键词的搜索人气、转化率、宝贝数量和竞争度等不同信息。根据这些信息，我们在设置关键词的时候便可以参考关键词的权重，然后根据其搜索人气及转化率选出最适合自己的关键词。

在选择好了关键词后，卖家可以根据这些选好的关键词设置产品关键词的标题，这里也有一定的技巧。一般标题中含有的关键词和买家搜索的词最接近时淘宝会优先展示，当然如果买家搜索的关键词有很多时，淘宝会根据淘宝网店的权重大小进行排序，权重越大排序越靠前。

卖家在设置标题关键词优化时，还可以巧妙利用空格。设置空格是为了让买家方便阅读，同时也能够提高宝贝的点击量。如果一个标题很长且中间没有空格，会对买家阅读造成困扰，所以一定要在断句中间运用空格。空格还有一个作用，是能让卖家的标题被买家优先搜索到。例如，买家搜索“短袖衬衫”，那么当宝贝标题中“短袖衬衫”四个字前后有空格时，会被优先展示，因为有空格就表明它是一个独立的词，最符合买家的搜索目的。如果没有空格，则表示是一个长词，其次符合买家搜索目的，排序会靠后。

3.2.2 类目关键词优化与流量获取

一般搜索引擎是以抓取标题关键词为主，所以类目流量的可操作空间较小，但是毕竟也能起到一定的作用，所以也不可忽略。在具体类目的操作中，卖家要想使关键词影响搜索推荐，必须把所有类目属性填写完整，只有属性的内容越全面，买家在搜索细分类目时搜索到我们的概率才大。另外类目关键词设置一定要有标题中包含的关键词，这样也能使搜索引擎更好地进行推荐和抓取。另外，卖家推荐商品时还需要满足淘宝勾选的一些条件，只有满足了这些条件，卖家的商品才能在搜索中被优先推荐（见图 3-7）。

图 3-7 旺旺在线及消费者保障优先推荐

卖家除了利用系统默认勾选的条件推荐商品外，还可利用其他影响自然排名的因素。卖家只有了解这些影响淘宝关键词自然排名的因素，才能够最大化地提升自己淘宝网店的关键词排名。主要的影响因素有以下四个：

1. 相关性

淘宝搜索系统遵循的最重要的排序原则就是相关性。因为系统会推荐给买家与搜索关键词相关的商品，只有这样才能获得转化率。卖家要想获得好的排名，就必须要考虑到关键词的相关性。每个关键词都会对应一个类目，所以在设置关键词时一定要归类在最优的类目下。如果卖家的商品是衬衫，就应该将关键词归类到衬衫类目中，因为这是最优类目；如果归类到上衣类目中，则不会被推荐，因为商品与类目间的相关性较弱。

2. 淘宝系统规则

店铺满足基本规则才能被有限推荐，例如，在淘宝推荐排名中，只有开通消保、橱窗推荐的店铺才能被优先推荐。另外，如果店铺主营的是实物，那么动态评分越高越好，并且单个宝贝最好也没有降权，否则会影响店铺的搜索排名，此外各种投诉退款纠纷率的上升也会拉低店铺的权重。

3. 人气

淘宝中很多搜索结果的排序是按照人气排序的，如果一家淘宝网店的人气一天比一天高，那么它的排序也会一天比一天靠前（见图 3-8）。

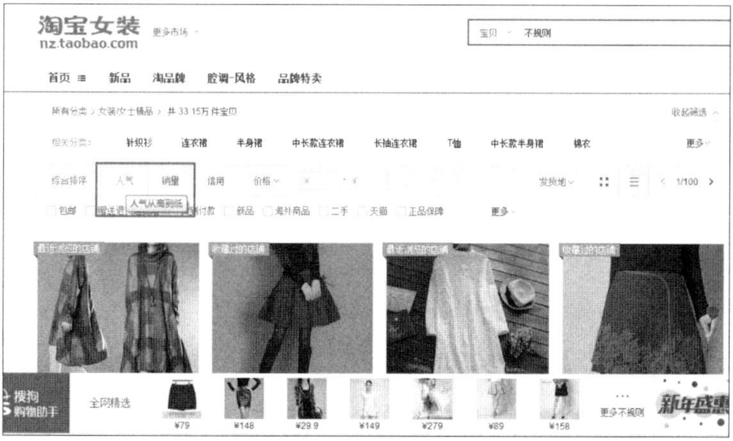

图 3-8　人气从高到低排列的搜索页面

4. 宝贝详情页

详情页的设置也会影响自然排名，这个方面的影响取决于买家的搜索关键词与宝贝的匹配度。

如果以上四点卖家都能够做到最好，那么其店铺在搜索结果的排名中一定会获得比较好的名次。

3.2.3　搜索引擎数据分析优化

如果卖家做好了标题优化和类目优化，那么剩下的工作就是分析优化后的数据，从而获知商品的销售及访问情况，对流量的上升和下降进行统计。如果上升，则需要找准方向进行改进；如果下降，则需要找出下降的原因并及时解决。

当发现某个关键词连续几天的转化率都持续下降，卖家就需要加大力度进行推广，拉升转化率，否则就会直接影响后期的关键词排名。如果有些商品的标题关键词在搜索排名中一直没有得到展现，就意味着该关键词搜索量太大、太多，而我们的淘宝网店由于权重低，搜索结果中不予显示；当然也有另外的原因，就是该关键词与商品本身的匹配度比较低，所以没有获得排名；还有可能是因为该关键词搜索率太低，没有足够的市场流量。卖家只有找到原因，才能对症下药。

关键数据分析也可以使用专业的工具，其中有不少第三方软件，例如淘宝指数、阿里指数、阿里排行等。如卖家在阿里排行中可以详细查看商品的排行（见图 3-9）。

图 3-9　阿里排行页面

卖家只有了解数据，分析数据，才能了解 SEO 的效果，从而及时改变策略。当然这些数据都是作为参考，不能生搬硬套，需要自己去理解消化，然后总结经验并运用到自己淘宝网店的经营中。数据是了解市场的唯一渠道，只有了解了市场，我们才可以根据自身情况做决策。

3.3 商品详情页面优化技巧

如果说标题决定客户能否找到我们的商品，产品主图决定客户能否点击进入我们的店铺，那么商品的详情介绍页面则决定了客户是否会购买我们的商品。

3.3.1 商品详情页整体优化指南

商品详情页决定了客户是否购买商品，一般来讲商品详情页包括了产品基本信息及产品图片。图片又分为摆拍图和场景图两种，场景图一般用于服饰，就是模特穿戴商品进行展示；而摆拍图一般用于家具等其他物品。详情页除了将商品信息完整展示给客户外，还要注重美观，一般整体风格要统一，色调也应统一，不能有多个主题，因为最重要的是突出商品。

商品基本信息是每个详情页都会有的，这是系统自带的属性，卖家可以根据系统提示进行填写。而图文结合的商品图则需要淘宝卖家自己制作，这里就有很大的发挥空间。我们以衣服为例，如果想让客户喜欢某件衣服，必须要将这件衣服的细节展示出来，以方便客户看清材质和细节。另外衣服的规格尺码也要标注清楚，因为图片是展示不出商品规格的，衣服规格的各项具体参数一定要列出来（见图 3-10 和图 3-11）。

图 3-10　商品具体参数

尺码Size：（*人工测量会有2-4CM的误差，敬请谅解）

尺码	衣长	袖长	胸围	肩宽	袖围
均码	86	52	114+	55	/

备注：▲▲MUST READ

1、因不同的计量方法，测量允许2-3cm内误差，此种状况并非质量问题。
2、衣服的颜色因灯光的原因可能会与原来的原色有所区别，单品以实物为准。

模特	身高	体重	肩宽	胸围	腰围	臀围	试衣感受
助理MOMO	158	95	38	86	63	90	试穿均码很合身
美编小芳	161	90	37	86	60	90	试穿均码宽松
小静	170	98	40	86	70	88	试穿均码很合身
掌柜蘑菇	168	98	41	90	70	90	试穿均码很合身

（*试穿仅供参考建议妞们根据平时穿衣尺码选择）

图 3-11　商品规格尺寸

对于品牌服装而言，卖家最好能加入品牌介绍、明星代言、保证正品的证书等信息，也有些淘宝网店会加入正品和假冒伪劣品的对比图，这些方法都能够让客户更加信任商品的品质，从而选择购买。更重要的展示内容是买家的评价图，一般卖家商品越是成交量低，就越是没有成交量，成交量高则会有更多人来买，这是由人们的从众心理导致的。所以卖家将客户购买后的评论甚至试用后的感受贴出来，能够让客户对商品产生更多好感。

有些客户比较在意商品之外的细节，例如商品包装是否精致，是否能够保证商品在运输途中不受损害。这些细节也能体现卖家的诚意和专业。

除此之外，还有一种活动优化法，即直接在商品详情页中标示出套餐减价、搭配单品推荐、限时团购等促销活动，这样能够促进客户购买（见图 3-12）。

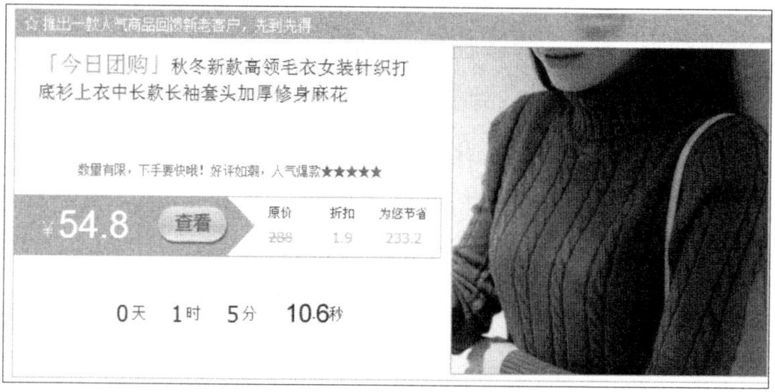

图 3-12　商品详情页今日团购

使用这些活动方式可以激发客户的购买欲望，促进购买。当买家点击进入详情页时，也许原本只想买一件商品，但是因为看到了套餐减价，或者今日团购的活动，可能最终会将这些商品全部买下。通过使用这种标示促销活动的方式还可以促进商品的成交。

以上所说的都是比较常规的商品详情页的优化方法，那么如何让商品页显得比较个性，特色一点呢？我们可以在商品详情页中加入视频、动态图片，或者编辑一段富有煽动力、文艺范儿的文案，这样能够突出商品特色，吸引客户。

当然我们希望能够做出高端的详情页，但是也不要添加过多图片，如果图片太多会导致详情页过长，客户可能会没有耐心去看，所以图片要尽量精简，主次分明，能让客户容易地看到重点，这样客户购买商品前的考虑时间也会缩短。

3.3.2 优化详情页图片的技巧

当下可以说是一个读图的时代，能够用图片表达的内容就尽量不要用文字，而且图片清晰明了，更能传达商品的品质和韵味。其实图片是详情页优化不可分割的一部分，不仅仅是因为它能被搜索到，也因为它承担着详情页“提升颜值”的作用。下面我们就分享一些详情页图片优化的小技巧。

图片一般分为两种，一种是卖家从网上搜的，另一种是自己拍摄的，如果店铺有比较优秀的摄影师，自然是自己拍比较好，原创的图片在搜索排名中，一般比非原创的图片要靠前。另外，自己拍摄的图片也能更好地体现自己产品的特性。

当然我们都知道图片必须经过美图、PS 处理后使用，作为淘宝卖家一定要站在大多数人的审美立场上修图，而不是修得越多越好。每个人都有鉴别力，如果把那些一看就非常假的图放在详情页上，会让客户看了图之后不敢买，试问这样一件修身的衣服，这么细的腰一般人谁能穿得上（见图 3-13）。

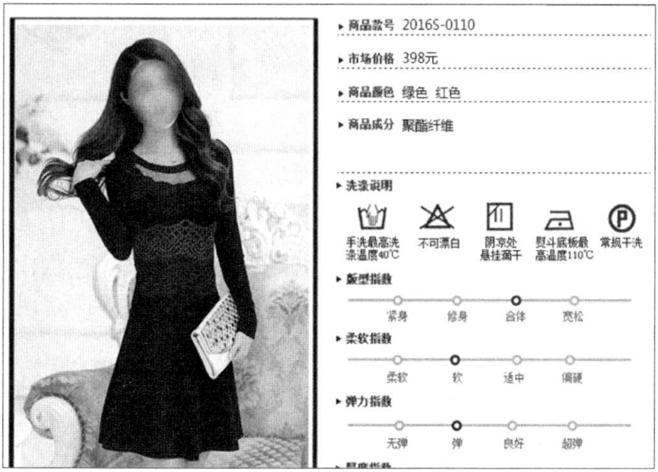

图 3-13　修图过度

图片的质量也起着很大的作用，虽然不能过度修图，但也不能毫不修饰，如果商品图片会引起客户对商品质量的怀疑，就更不要说让客户购买了，下面两图一看，客户会购买哪个，高下立判（见图 3-14 和图 3-15）。

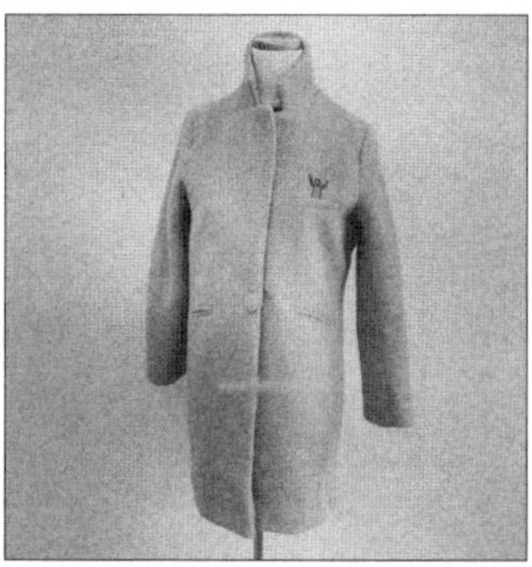

图 3-14　未经修图的商品图

图 3-15　修过的商品图

优化图片是为了促进销量，虽然看起来华而不实的商品客户不会购买，但一眼看去就让客户感觉廉价不堪的商品客户更不会买。

淘宝网店详情页的图片优化方法除了修图外，卖家还可以在图片中添加淘宝网店 Logo 水印，当客户在搜索相关图片时，如果卖家的图片被排序在前，也可以起到宣传卖家店铺的作用。

所谓一分耕耘一分收获，不劳而获的事情是不会发生的，所以卖家要想让自己的淘宝网店越来越红火，就要付出一定的努力。

第4章

成为金牌卖家需销量先行

卖家需要达到各项指标才可以成为金牌卖家，其中，销量是最为关键的一项指标。其他指标一般店铺稍加努力都能够达到，唯独销量是卖家不可控制的，要看店铺的流量和商品受客户喜爱的程度，所以卖家如果把销量做上去，连续成为金牌卖家就不成问题。本章我们就来讲解如何提升商品销量。

4.1 淘金币营销法提升销量

4.1.1 设置淘金币产品获得成交量

经常在淘宝购物的客户会积攒不少淘金币，而对于卖家来说，则可以利用淘金币来吸引客户抵换，即设置淘金币商品。往往这种设置了淘金币的商品会比没有设置淘金币的商品更畅销，因为买家积攒不少淘金币也没别的用处，如果可以在购买商品时直接抵扣金额，何乐而不为呢？那么作为淘宝卖家，如何利用淘金币来提升商品销量呢？这里一共分为四步。

第一步，选择参与淘金币抵扣金额活动的商品。

虽然是营销，但是选择可用淘金币抵扣金额的商品时一定要选择销量多的商品，因为只有畅销的商品才能借助淘金币功能卖得更好（见图 4-1）。

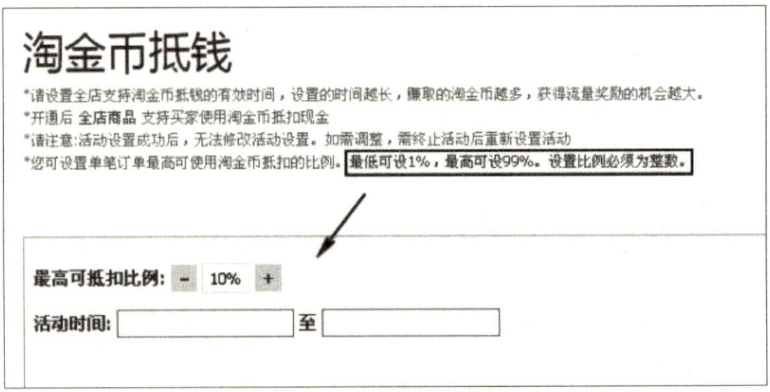

图 4-1　淘金币抵扣比例设置页

第二步，参加淘金币活动的时间选择。

卖家将参加淘金币抵扣活动报名的时间选定在早上9点到10点比较好，因为这个时间段是产品上架的最佳时间，需要注意的是，千万不要在凌晨开始报名淘金币抵扣活动，因为这个时候客流量是最少的。

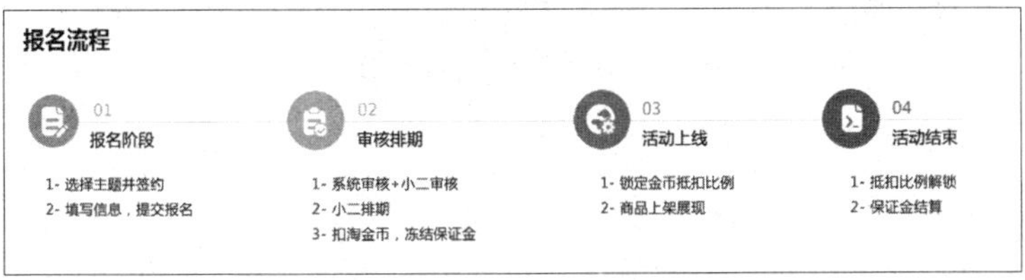

图 4-2　淘金币活动报名流程图

第三步，流量集中导入。

设置了淘金币商品后，流量会集中导入参加淘金币活动的宝贝里；卖家也可以利用直通车引导客户进入设置淘金币的商品页；卖家还可以在淘金币详情页加入其他销量很好的宝贝做好关联销售。这些都设置好之后，卖家便可以开始进行直通车推广了，如果再进行一些关键词推广，宝贝的展现量加大，流量就会更大，从而带来更大的销量。

第四步，详情页说清楚活动规则。

卖家在设置淘金币抵扣商品的详情页时，插入与淘金币相关的领取、抵扣等活动信息，能起到引导客户的作用，并且淘金币退换等问题卖家也需要写清楚，这主要是为了避免引起纠纷，并为售后打好基础。

当然，设置了淘金币抵扣活动后并不是万事大吉了，卖家还需要去跟踪活动状况，如果设置了淘金币抵扣活动，结果接受兑换的商品销量还没超过预期设定值，卖家就需要再想其他方法引流促销量了。卖家可以再赠送一些小礼品，以此来吸引客户。

4.1.2 淘金币的几种玩法

卖家进入淘金币卖家服务中心，可以选择淘金币活动报名，而对于淘金币的玩法，系统提供了几种不同的选项，其中包括淘金币帮抵、分享送淘金币、收藏送淘金币、购物送淘金币和签到送淘金币。

1. 淘金币帮抵

通俗地说就是买家在购买商品时，卖家可以帮忙抵淘金币，例如一个商品可以抵用 500 个淘金币，但是买家只有 150 个，那么买家在购买该商品时，卖家会帮买家抵 200 个淘金币。卖家设置淘金币帮抵时，在报名商品管理页面的宝贝图片展示中选中该选项即可（见图 4-3）。

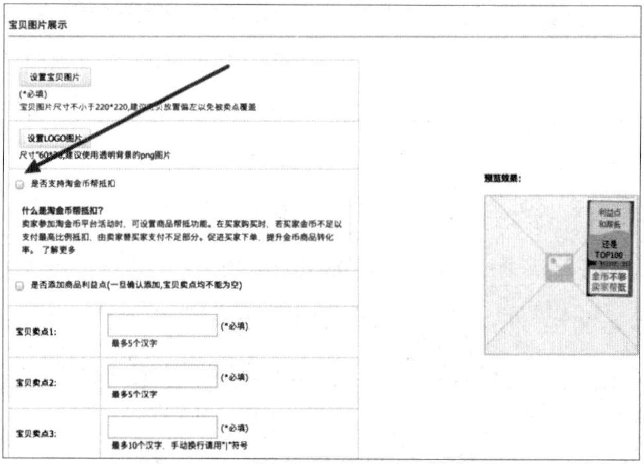

图 4-3　淘金币帮抵设置页面

2. 分享送淘金币

这种玩法还能分为两种不同形式：分享店铺送淘金币和分享宝贝送淘金币。设置分享送淘金币的方法比较简单，卖家只需要在淘金币管理后台设置送淘金币即可。

3. 收藏送淘金币

淘宝卖家只需要开通“收藏店铺送淘金币”组件，当买家进入卖家的店铺看到自己喜爱的宝贝时就可以直接分享该宝贝，当然如果买家喜爱这个店铺也可以直接分享店铺，不过买家需要在近12个月内在此店铺购买过商品才会获得淘金币。买家分享商品或店铺后获得的淘金币数量一般是1 ~ 10个，每个买家每天获得淘金币的上限是25个，具体淘金币数量则由卖家设置（见图4-4），买家分享成功后则会显示其获赠金币数量（见图4-5）。值得注意的是，淘宝为防卖家作弊，买家一个月内重复收藏同一个店铺，只会被视为一次收藏，系统只在买家第一次收藏时给予其淘金币奖励。

图4-4　分享送淘金币商品详情页

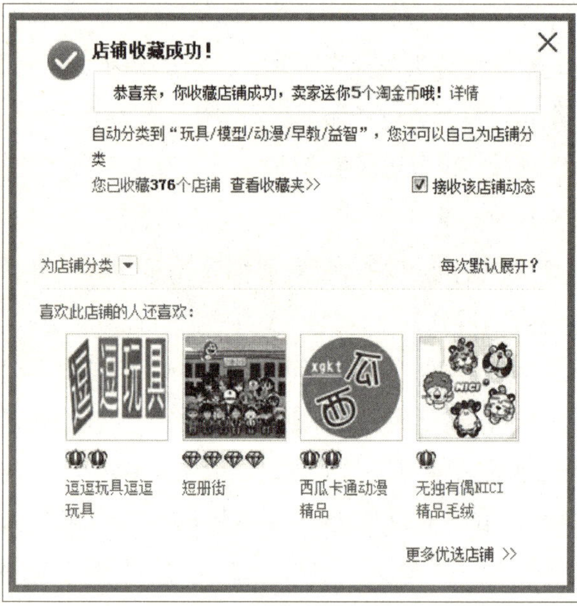

图 4-5　收藏店铺后页面

4. 购物送淘金币

购物送淘金币属于返利功能，因为淘金币可以直接抵扣现金，所以相当于返给客户钱。买家购物后即可获得相应数量的淘金币，但是如果后来买家又退货了，那么淘金币也会被返回到卖家账户。

5. 签到送淘金币

卖家设置签到送淘金币功能可以维护客户黏度。在淘宝卖家中心的营销中心，卖家选择“淘金币营销”，进入签到活动设置即可设置签到送淘金币活动。卖家设置的签到时间是有限制的，不得少于 15 天，初次设置金币预算量至少为 1000 个，然后可以设置每个买家每次签到获得的金币数分别为5个、10个、20个，连续签到5天还可以额外赠送50个，卖家勾选上无线选项后，设置卖家自己的无线和PC端的店铺签到工具即可。

卖家如果能够利用好淘金币，可以为淘宝网店带来不少的流量和销量，所以借助淘金币做营销是促进销量的一种实用且方便的方法。

4.2 客服决定着客户转化率，决定着商品销量

很多淘宝卖家做了许多推广和宣传，但是客户转化率依然不明显，这个时候卖家需要找准原因，而这个原因可能出在客服身上。流量再多，如果客服无法进行转化，或者是没能力进行转化，那么也是枉然。本章我们就教淘宝客服如何进行转化，从而提升店铺的商品销量。

4.2.1 转化率低一般有哪些原因

客服决定着一家淘宝网店的失败和成功，她们作为与客户直接对话的一线人员，直接决定着卖家与买家是否能够达成交易。如何让一个客服成为优秀的客服，帮助店铺大大提升销量，首先要找到销量低、转化率不高的原因，如果能够找到影响转化率的原因，那么客服便能自行调节，逐步进步。一般来说，导致转化率低的原因有以下几种：

1. 店铺自身原因

有时候不得不承认，员工工作做得不够好，并不是单纯因为

员工不够优秀，而是多少跟店铺自身有关。有些淘宝网店自身DSR评分很低，宝贝种类单一，描述也不够吸引客户，图片更是劣质，差评也不少，即使客服再优秀，客户看了这样的店铺，也会头也不回地走掉，所以打好基础才是关键。

2. 客服自身原因

如果排除店铺原因，那么就是客服原因了。许多客服自身服务意识比较薄弱，对客户响应慢，语气还比较生硬，这就是服务态度有问题；另外，也有的客服自身对自家商品都不太熟悉，所以即使有客户咨询，也会被她的一问三不知吓跑。

当我们找到了拖转化率后腿的原因，就该知道如何弥补。如果是店铺自身原因，卖家就要努力从根源上解决问题，拍精美的商品图，提升商品品质，吸引客户，客户对商品满意了，自然会给好评；如果是客服的原因，卖家就要着重培养客服，教她如何与客户沟通，从而提升转化率。当然如果客服是态度有问题，改不好，卖家则可以考虑找更优秀的客服。

4.2.2 优秀淘宝客服的四个销售小技巧

卖家想要提升店铺的销量，除了要做好店铺的内功之外，还要尽可能对客服进行定期培训，提高客服的服务能力。如果客服把转化率提高了，店铺的销售额自然也会得到提升，这里我们介绍四个客服销售技巧：

1. 找出客户犹豫的原因，快速成交

客服在和客户沟通的时候，并不应是表面的沟通，而是要听得出客户话里的意思，如果客户正在为购买某一商品而犹豫，作为一个优秀的客服，应该学会判断客户真正犹豫的原因，并且从客户的角度出发考虑问题，打消客户的顾虑，那么必然能推动客户完成购买。

我们可以通过图 4-6 和图 4-7 的两个例子看到两位客服针对同一问题做出的回答，图 4-6 客服直接把买家接下来想问的问题都回答了，这样不仅快速回应了买家的疑虑，也大大减少了沟通的时间。而图 4-7 的客服则有些啰嗦，客户明明问的是某件衣服，为何要多此一举回答买家问题以外的商品情况？答非所问，可能还会让买家心里不太舒服。这就是优秀客服和一般客服的区别。

图 4-6　直接针对问题回答

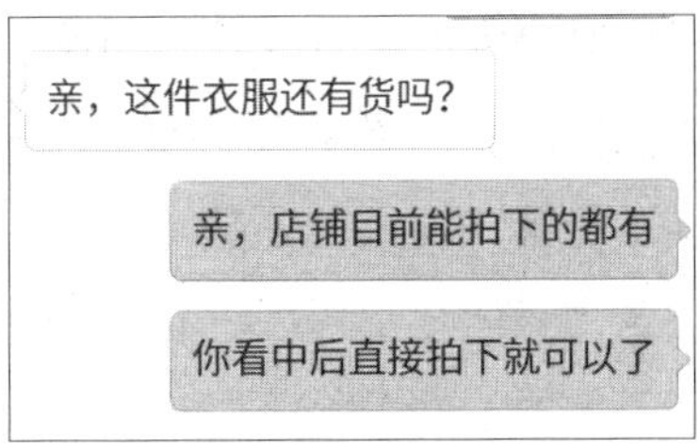

图 4-7　答非所问有些敷衍

2. 面对客户的问题要有耐心

因为淘宝交易不是当面进行的，客户没看到实物，所以难免要多了解一些商品信息，这个时候客服一定要有耐心，并一一解答客户的疑问。客户能否最终购买，就要看客服的态度了。

通过图 4-8 和图 4-9 两个场景对比，客服一直接回答不包邮，客户可能就不买了，那么店铺可能就损失了一位客户；而客服二比较聪明，她直接引导客户说店里的商品买两件包邮，客户可能会考虑购买商品，加上客服的耐心和细心，使客户对卖家的服务产生信赖，那么这笔订单就很容易促成，而且还可能让客户为了包邮而多买一件商品。所以一个优秀的客服要懂得随机应变，而不是客户问什么答什么。

图 4-8　客服一直接否定回答法

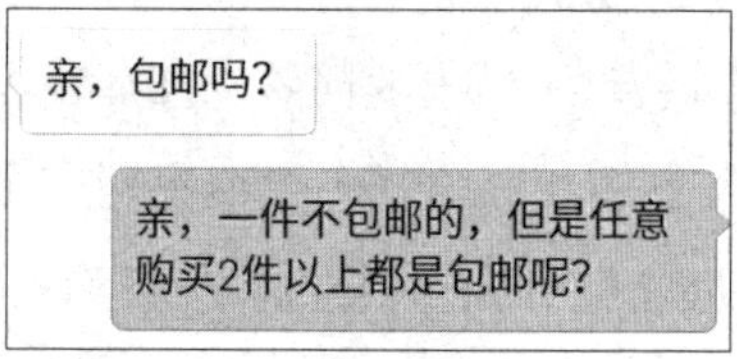

图 4-9　客服二迂回引导回答法

3. 第一时间回复客户

每个人都不喜欢等，何况是贵为“上帝”的客户。如果客户咨询商品，结果半天无人应答，那么客户一定就走了。所以作为客服的第一要素就是敬业，一定要能第一时间回复客户。虽然目前亲淘、旺旺都可以设置自动回复，但是却无法做到有针对性地回复客户的问题，所以很容易导致客户流失。但如果客服能第一时间热情解答客户的问题，成交概率则会大大提升。

4. 主动跟客户沟通

很多客户来咨询商品时并不一定会购买，这个时候客服可以主动出击，应尽可能多地了解客户的疑虑，抓住时机说服客户，激发客户的购买欲，从而促进交易达成。

从图 4-10 和图 4-11 中我们可以发现，图 4-10 的客服没有继续为客户解惑，客户就自然流失了，其实如果这款衣服不合适，客服还可以介绍其他款给客户，由于这个客户是有购买意向的，如果客服主动一点，热情一点，自然就能拿下此单。客服做的是销售的工作，一定要主动才能获得更多订单。

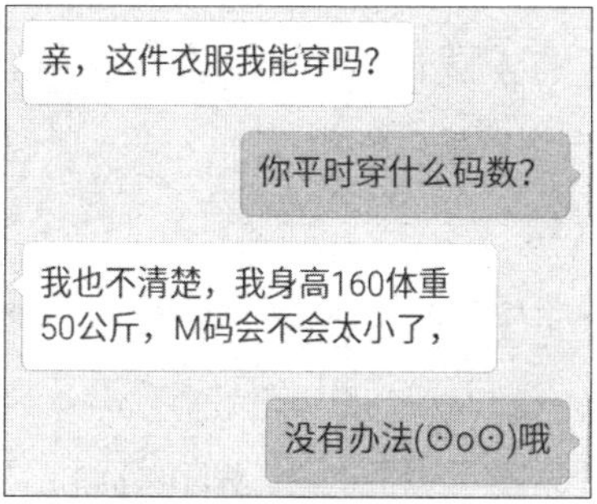

图 4-10　主动终结话题会导致客户流失

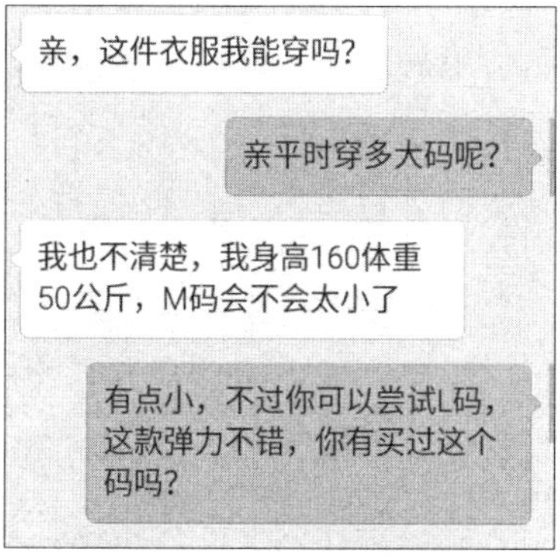

图 4-11　主动推荐客户留有余地

一个淘宝网店如流量正常，转化方面则多靠客服，所以各位卖家在忙着推广的时候一定不要忽略了客服的作用，客服才是真正建立在产品和客户之间的桥梁，客户能不能下单，靠的就是客服本身，只要客服的素质提升了，客服的工作得到了客户的认可和满意，店铺的形象也会大大地提升，销量就更会大大地提升了。

4.2.3　与客户沟通三禁忌

淘宝网店的销量多数是和淘宝客服有关的，所以淘宝客服学会销售技巧以及如何与客户沟通是非常重要的，但是如果不了解与客户沟通时的禁忌，使用再多技巧也是事倍功半，本节我们就来看看与客户沟通不能触犯哪些禁忌。

一个优秀的淘宝客服可以获得客户的好感，让店铺销量大增，反之，一个失败的淘宝客服便会让客户避而远之，拉低店铺的销量。所以淘宝客服的重要性不言而喻，不过优秀的客服并不是天生的，而是后天学成的。之前我们介绍了优秀淘宝客服的必备技巧，那么这一节我们就讲讲淘宝客服不能犯的禁忌，只要客服不犯这些禁忌，都能够成为合格的淘宝客服。

1. 无论何时都不要敷衍客户的问题

不可否认无论谁都不喜欢唐僧那样啰唆的人物，而现实中确实有这样的客户，问东问西问个没完，而更可恨的是问完又不一定买。但是作为一个淘宝客服，回答客户疑问是自己的职责和工作，所以即使遇到“十万个为什么”这样的客户，也一定不能敷衍，因为客户愿意咨询就说明她是我们的潜在客户，我们的敷衍可能会导致客户的流失，所以一定要认真回答客户的问题，决不能敷衍。

2. 不要直白地指出买家的错误

买家正是因为对商品不了解，所以才会咨询，作为客服可能会觉得客户的问题很傻，或者对商品理解有误，此时作为客服应该认真地帮客户答疑解惑，千万不可嘲笑客户，这样会让客户心里不舒服，继而离开店铺去别的店铺购买商品。人都好面子，即使大家是通过虚拟的网络联系，也要尊重别人，不要忘记我们的目的是为了卖出商品，而不是挑客户的错误。

3. 不要主动提及同行产品

有些客户为了谈价格，可能会拿出别的品牌的同类商品做对比。有些客服也可能会为了表明我们的商品质量而拿别的品牌同类商品做对比。这里需要注意的是，作为客服千万不能主动提及，否则反倒提醒了客户去做对比，他便很可能会放弃下单。如果客户主动提及，客服一定要坚持阐明自己店铺的商品才是最好的，当然也不要太过诋毁别人抬高自己，买家有自己的选择，也不会偏听偏信。所以客服应以不提其他的品牌为上策。

淘宝客服作为一个服务者的角色，一定要随时了解客户所需，但是千万不要随意下定论，否则说错一句便可能损失一个客户，而客户背后还有很多潜在客户，口碑传播不仅是正面的还包括负面的，所以客服一定不要触犯这些与客户沟通的禁忌，只有这样才能保持与客户的良好交流，获得更多的流量和销量。

4.3　主动出击引导客户购买

淘宝销售相比店面销售更有难度，因为客服看不到客户的表情，更不知道客户喜欢哪个商品，所以无法随客户眼睛看上的某个商品进行介绍，但是客服可以主动出击，询问客户需求，进行引导，只有主动出击，胜算才会更大。

4.3.1　抓住时机搞定客户的五个技巧

客户进入卖家的淘宝网店可能是因为朋友推荐，也可能是直接通过搜索偶然进入，但不论什么原因进入卖家的店铺，卖家都需要把握机会拿下这个客户，流量只有转化成销量才对卖家有用。有时候可能因为客服的一句话，或者时机不对，客户的购买欲望就有可能打消。所以卖家必须掌握时机，抓住客户心理，继而达到成交。这里我们介绍四个技巧。

（1）灵活多变，但要真诚面对客户。很多淘宝卖家都经历过这样的时候，即一个爆款很受欢迎，卖家刚卖完还没来得及去拿货，就有客户来买，这时候怎么办？卖家如果不想流失这个客户，就需要有技巧地和客户沟通。很多卖家为了提升销量、不流失客户，都会直接给客户说有货，于是客户拍下商品后，卖家由于拿不到货，就开始劝说客户申请退款，或者换个款式。将心比心，客户肯定不容易接受，卖家这不是欺骗吗？这时卖家要真诚地跟客户说这款商品已经没货了，卖家已去进货，如果有货会再通知她。如果遇到一个真心喜欢这个商品的客户，一般都会同意，并且有时因为我们的热情足够高，即使最后没有这个款式的商品，客户也会选择在我们店铺再看看其他商品。

（2）卖家做淘宝网店很多时候都会遇到这样的客户：一上来就问能不能便宜点。这种一上来就讲价的客户，其实大都是已经多方了解了商品，并且已经决定购买了，只要商品价钱合适一般就会购买。这个时候卖家为了提升利润，可以试着用产品的质量去说服客户，但如果实在说服不了，那就在自己能接受的范围内适当给客户优惠。

（3）还有些客户比较重视商品质量、快递、服务之类，这类型的客户对价格要求不是那么高，一般其要求都好满足，客服只要顺着客户问的问题一一作答就可以了。如果问题都问得差不多了，客户可能还会再问一下能不能打折之类的问题，卖家要记住，千万别让步，重视质量的客户既然问到价格，就说明他已经看中商品的质量等他更关心的东西，不会在乎价格上的几十元钱的，所以一类定给这一客户表明质量保证，不能优惠。

（4）当然，对于爽快的客户，我们也有相应的技巧。因为越是爽快的客户，越可能会让卖家遇到毫无准备的情况，例如有时候客户拍了宝贝，结果库存中没有她拍的那个尺码了，有些淘宝卖家会因为怕麻烦，直接给客户发另外的码。千万不要这么做，卖家更不能只是在网上给客户留言通知他没货了，让他退款。有一个客户来店铺，卖家就要珍惜，更要尊重，客户一般留有电话，卖家一定要第一时间给客户打电话，通知他所拍的尺码的商品暂时没货，顺带还可以再推荐客户换别的款，这样客户也会很容易接受。卖家千万不要等客户收到了不合适的商品而很不满意时才去费口舌向客户解释和劝说。

搞定客户需要卖家的真诚，只要卖家对客户真诚相待，懂得把握机会，及时对客户进行商品宣传，一定会提升销量，获得客户的青睐。

4.3.2　根据客户的关注点主动销售

乔布斯说过一句话，“客户本来也不知道自己想要什么，是我们制造出商品后，才决定了客户想要什么”。也就是说，很多客户本来并不知道自己喜欢什么样的商品，也不知道自己适合什么样的商品，所以卖家要把握好这样的客户，只有对这样的客户主动推销，让客户了解卖家的商品，那么客户也会喜欢上卖家的商品。卖家需要从这几个方面入手向客户推销：

1. 产品效果

客户购买商品是为了帮助自己解决某些问题，比如客户买祛痘化妆品，肯定是为了消除自己脸上恼人的痘痘；而客户买一件衣服，是为了穿上后能提升自己的气质和颜值。所以卖家在跟客户沟通的过程中，一定要了解客户的关注点在哪里，然后根据其关注点给客户重点介绍商品的效果。

2. 能否给客户提供方便

除了商品的效果，客户最关注的是购买商品的方便性。为何客户关注的不是使用的便捷性而是购买的方便性呢？客户既然决定购买该商品，一定是由于他需要，所以他更关心的是购买的方便性。有些淘宝网店由于资格不够，客户刷信用卡时会被收取手续费，这种店铺便无法为客户提供最方便的购买体验，很多客户可能会由此而放弃购买。另外，预售的商品对客户来说也不如购买现货方便。

3. 提高信任度

同样的商品可能会有很多卖家在销售，例如在淘宝搜索“蓝色衬衣”会出现许多卖家的商品，那么客户在众多卖家中为何会选中你的商品，这也需要主动让客户信任你。如图 4-12 所示，有金牌卖家、退货运费险的卖家会被推荐在前面，而客户也倾向于选择这样的卖家销售的商品，因为更有保证。

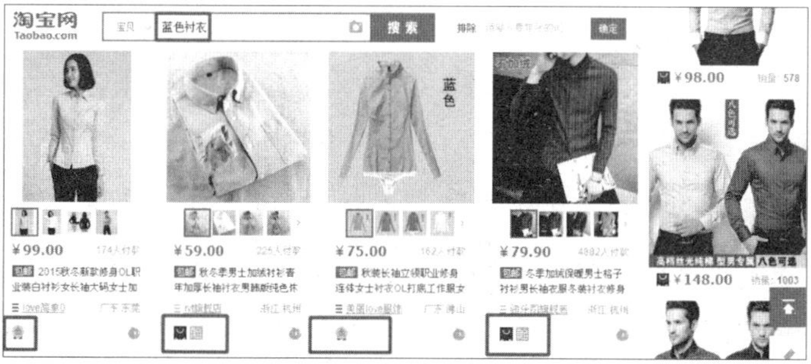

图 4-12　淘宝搜"蓝色衬衣"页面

4. 价格优势

虽然一些注重质量的客户不是特别在意价格，但是并不代表价格就不能提高商品的竞争力。卖家想化被动为主动，还需要使自己的店铺有价格优势，卖同一种商品的卖家那么多，客户在购买的时候可能会货比三家，在商品质量等同的情况下，客户一定会选择最优惠的，所以卖家想主动招揽客户就要把成本降低，从而还利客户，以此提升销量。千万不要使同一种商品定价跟其他卖家的定价相差太多，这样会被客户直接忽略（见图 4-13）。

图 4-13　两款商品一样价格相差太多客户会选择哪款呢？

5. 服务

如果以上四点卖家都能做到，那么肯定会吸引到客户，剩下的就看卖家的服务了，在商品交易的过程中，卖家一定要让客户体会到卖家的热情，卖家要尊重客户的诉求，不能态度傲慢。只要卖家的服务好，就一定能获得客户的订单。

如果卖家做到了以上五条，多半的客户都会被吸引，当然在客户首次成功购买完卖家的商品后，卖家还需要着重提升客户对自己商品的信任度，从而维护客户黏性，增加客户的复购率。

4.3.3 提升客户对卖家商品的信任并让客户喜欢

卖家想让客户信任自己的商品，首先商品的质量要过关，这样客户在购买后，就会信赖卖家，同时提升客户对商品的信任还可以通过那些已购客户的口碑传播，或者在购买前做一些关于商品的活动，比如免费试用活动。卖家要想获得客户的信任，就必须提供给客户值得信任的商品，这是淘宝卖家必须做到的。虽然淘宝市场内鱼龙混杂，但是卖家要想经营好淘宝网店，首先质量和诚信不能丢。

购买前的体验：使客户在购买之前，先体验到商品的效果，可以进一步帮助客户下决定。

【案例】零角度直销店是一家新开的淘宝网店，只有三颗心，为了获得客户的信任，该淘宝网店设置了一款可申请免费试用的产品，一时间有很多客户咨询，并申请试用，卖家这么做不仅增加了店铺的流量，更增加了销量（见图 4-14）。

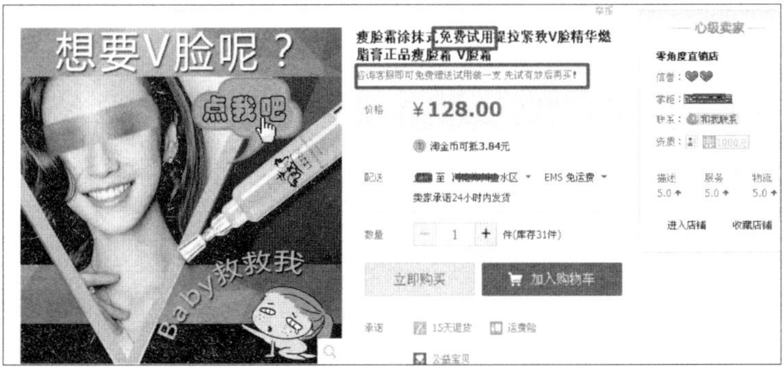

图 4-14　免费试用商品

对于客户不太了解的商品、非品牌的商品，或者是新开的淘宝网店，因为没有老客户的沉淀，要想获得客户的信任，需要先让客户了解卖家的商品或店铺，如果客户不主动来了解，卖家就要主动去让客户了解自己的商品或店铺。零角度直销店免费试用的活动就是一个很好的让客户了解卖家商品的方法。

当然客户选择试用就说明他对这款商品是有兴趣的，如果商品好，卖家很可能就能拥有一大批客户，所以卖家一定要懂得如何主动销售，只有先给客户提供方便，卖家才能顺势提升销量。让客户信任卖家其实不难，只要保证好商品、好服务，以及在同行中保持一个具有竞争力的价格即可。

4.4　如何通过打造个性化淘宝网店升皇冠

在淘宝网上，如果店铺能够升级为皇冠淘宝店信誉等级，会有利于店铺获得客户的信任，从而给店铺带来更多销量。

4.4.1 如何打造淘宝网店的个性化外观

淘宝网对皇冠卖家的条件要求是好评交易超过 10000 笔，满足条件的卖家才能成为皇冠卖家，这可以说明该淘宝网店的信用积分比较高，如果超过 500001 笔，则会被称为金冠店铺。这里我们主要讲解如何给淘宝网店打造个性化外观，提升客户对卖家商品和店铺的好评，从而升级为皇冠卖家。

1. 巧用店铺首页视觉热区

所谓视觉热区，就是客户进入店铺后最容易看到的地方，一般这个热区位于店铺最上面的首图位置，所以这个位置最好放置店铺中最优质、最能吸引客户的商品，这样能提升客户的点击量，并且能够加深客户对店铺的了解。例如店铺的活动信息等就可放在视觉热区（见图 4-15）。

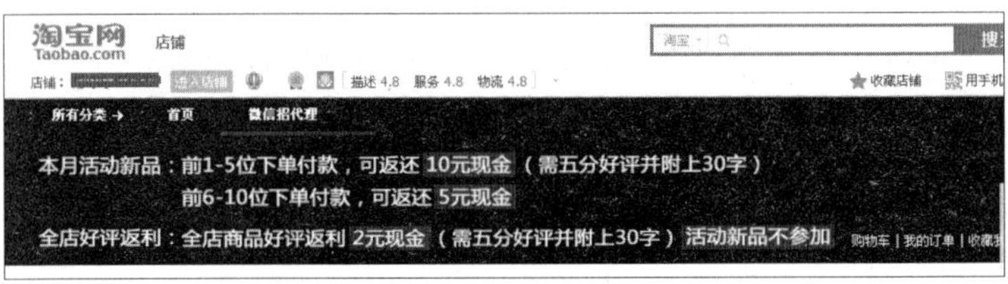

图 4-15　淘宝网店首页视觉热区

2. 不要放太多杂乱的链接

因为首页空间有限，很多卖家想把所有商品都放在首页位置，唯恐客户看不到，但这样其实并不一定能起到积极作用，客户更容易被美观的东西吸引，而不是数量多的。有些淘宝网店首页有非常多的链接，但是因为排版过于杂乱反倒容易让客户将该店铺页面关闭。

3. 尽量减少访客等待时间

很多访客能够进入到卖家的店铺，大都是先在淘宝首页搜索商品，然后通过商品页进入到卖家店铺的，那么进入店铺时的页面跳转速度应当很快，所有淘宝网店一定要节省空间，不能设置太多动图、轮播等，以防这样的动态显示拖慢页面跳转速度。对于网速比较慢的客户来说，动图及轮播太多很可能影响其进入店铺的意愿，如此很多客户就会放弃进入。所以本着为客户提供方便的宗旨，店铺页面一定要尽量简洁。

【案例】安小落文艺森女棉麻女装淘宝网店使用简洁风的页面设计，打造了一个个性十足的文艺森女风店铺，并且店铺首页并没有落俗套地只上传各种商品，而是采用了单独的商品图片配上优美的文案，同时还设置了音频播放器，播放了与商品风格类似的音乐（见图 4-16 和图 4-17）。

图 4-16 优美的文案和音乐

图 4-17 店铺首页均采用图文结合的风格

卖家如果能够做到以上几点，那么能够达到成为皇冠卖家的条件，同时也能够吸引更多客户驻足，所以店铺的外观一定要用心去打造。客户更注重商品的质量是真，但是客户也很难相信一个不注重店铺外观的淘宝卖家会有多好的商品。另外，成为皇冠卖家也是卖家升级金牌卖家的一大助力。

4.4.2　个性化营销，让客户记住我们

当一家淘宝网店拥有了个性化完美的外观后，可能会吸引到客户，那么如何才能让客户留下来，并记住该店铺呢？这就需要针对客户制定个性化的营销方案。目前淘宝网店几乎完全趋向同质化，所以决定一个店铺的成败关键就在于店铺是否拥有自己的个性。个性不仅仅体现在店铺外观上，还需要卖家有个性化的营销方案。下面我们来看一个淘宝卖家是如何打造一个个性化店铺的。

【案例】四月芳菲阿四的农家店主要卖农作物，这家店最大的个性就是质朴。在首页，店主阿四还采用了故事情感营销，讲述了自己的故事，可谓感人至深。因为是卖农作物，所以店铺并没有华丽的装修，图片也没有经过专业P图，而都是原汁原味。整个店铺给人一种原生态的氛围，并且为了突出“农家”，卖家还在店铺内上传了几张乡村老院子的图片，这就更让人相信店铺的商品是纯天然的绿色食品（见图4-18）。

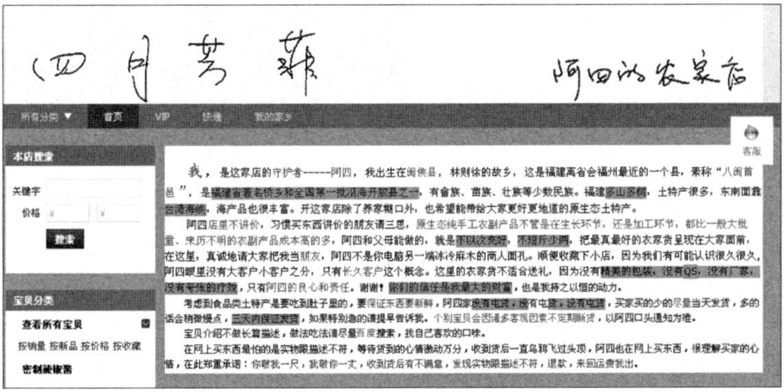

图 4-18　四月芳菲阿四农家淘宝店铺首页

其实个性也就是突出店铺的优点，而四月芳菲最大的优点就是原生态，那么他们就把原生态做到了极致。这样触动客户的点自然能吸引客户，甚至因为质朴的气质而与客户建立了一种联系，让客户无比信任，进而促成订单。

所谓个性化营销，也就是让客户记住我们。做好被动营销，比主动达到的效果更好，所以当卖家将自己的店铺打造成富有个性的店铺时，就做到了最好的个性化营销。

4.5　抓住消费者心理快速成交

在买卖双方的交易中，成交往往就在一瞬间，卖家要想把产品卖出去，就要讲究策略和方法，并快速抓住消费者的心理，只有这样才能达成快速成交。卖家应密切关注客户在聊天咨询过程中微妙的心理变化，掌握成交主动权。

4.5.1 针对不同客户心理的成交法则

淘宝店里最优秀的客服人员不仅懂得如何服务客户，也懂得如何与客户沟通，在沟通过程中了解客户的心理，从而快速促成交易，提升店铺的销量。简单地说，一个优秀的客服人员能够在很短的时间内精准地把握客户的心理，赢得订单。

首先我们把客户分为不同的类型，而不同类型的客户在面对不同情况时也会产生不同心理，那么客服就能够根据客户的心理来判定客户是否对店铺中的商品有兴趣，那么如何根据客户的不同心理解读他是否对店铺的商品有意呢？一般客户心理分为以下几种。

1. 自尊心理

性格比较自负的人一般自尊心会比较强，这种客户在购买商品时既注重实用价值，也注重品质保证，他们比较喜欢在人前拿得出去的商品，而卖家如何分辨这种客户呢？就需要在聊天的时候观察他们的反应。自尊心强的人一般都不会太主动积极，而是希望别人能对自己热情，所以在聊天过程中如果卖家发现客户的回复比较慢或者字比较少，这种情况卖家面对的大多会是自尊心强的人，他变得冷淡寡言的唯一原因就是希望得到别人的关注和热情。

卖家面对自尊心理的客户一定不要冷淡，因为自尊心强的人一般心理比较敏感，如果被稍微地怠慢他都能够感知，并可能会放弃该淘宝网店转而寻找对他热情的店铺去购买商品。如图 4-19 所示，卖家因为网络掉线问题让客户久等，结果客户便直接离开了，如果非自尊心理客户，可能会理解这种现象。所以我们一定要像图 4-20 的卖家这样及时回复客户，积极回应他的问题。卖家在和客户沟通的过程中，其实也是掌握客户心理并满足客户心理的过程，因为只有满足他的心理需求，他才愿意下单。

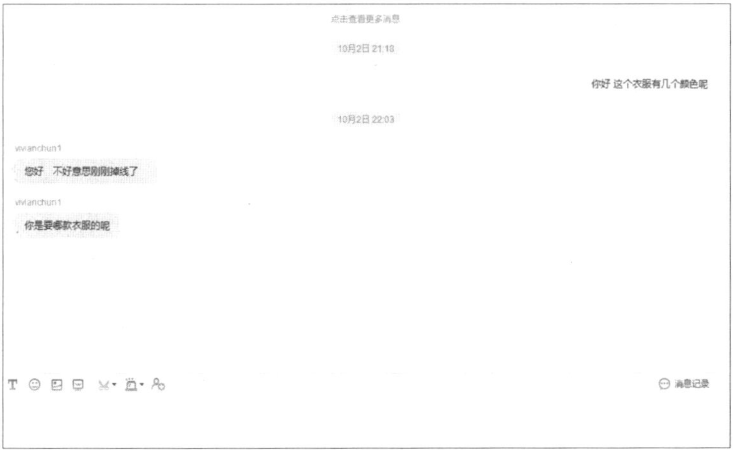

图 4-19　因为卖家没及时回复，客户离开

图 4-20　卖家积极回复，满足客户享受殷勤服务心理

2. 犹豫心理

这种心理的客户一般有两种情况，一种是瞻前顾后怕吃亏上当，怕功效不好，总之就是各种担心商品没有卖家在淘宝页面描述得好；另一种心理则是担心安全，害怕因为商品质量问题而产生安全隐患，例如化妆品，客户可能会担心用了会不会过敏等。如果客户出现这种心理，卖家就必须先解决他的顾虑，才能达成快速成交。

如图 4-21 所示，因为当卖家与客户通过旺旺聊天的时候，彼此不认识，产生信任问题也很正常，而作为通过售卖商品赚钱的卖家来说，则只有了解客户心理，先客户一步打消他的顾虑，才能够帮他摆脱犹豫不定的心理，从而快速促成交易。

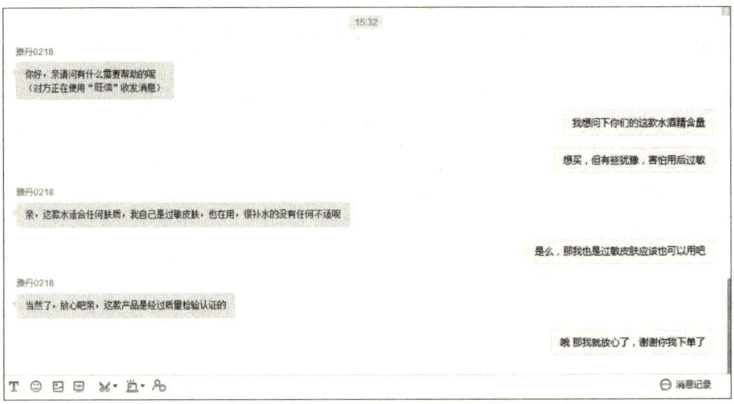

图 4-21　主动为客户打消疑虑

优秀的客服都应该知道，当自己和客户沟通的时候，首先考虑的不应该是如何让客户下订单，而是怎样打消客户对卖家商品和服务的信任问题，这就需要客服很好地了解客户的心理，并且照顾到客户的这种心理，只有凡事想到客户前面，才能够打动客户，让客户照顾卖家的生意。

4.5.2 利用客户逆反心理进行侧面刺激

一名优秀客服的销售技巧不是直接游说客户让其下订单，更不是采用催促的办法让客户快速下订单。而往往是采用迂回策略，侧面刺激促使客户最终愿意成交。

做过淘宝的朋友都知道，每天通过阿里旺旺跟我们聊天的客户有很多，而真正愿意下订单的人很少。但是对于一个优秀的客服来说，一定会抓住每一个愿意咨询的客户，但是如果直接推销，往往效果很差，没有一个客户会愿意回复一个跟自己说："亲，请快点下单吧！"的客服，所以促成订单需要技巧，客服千万不要直接跟客户表达很想让其下单的想法，因为客服一旦表达出这种想法或者让客户从彼此的聊天内容中感觉到这种信息，客户就会产生逆反的心理，所以客服一定要把握客户的这种心理，进行侧面刺激，不让客户产生逆反心理，从而促使其下订单。

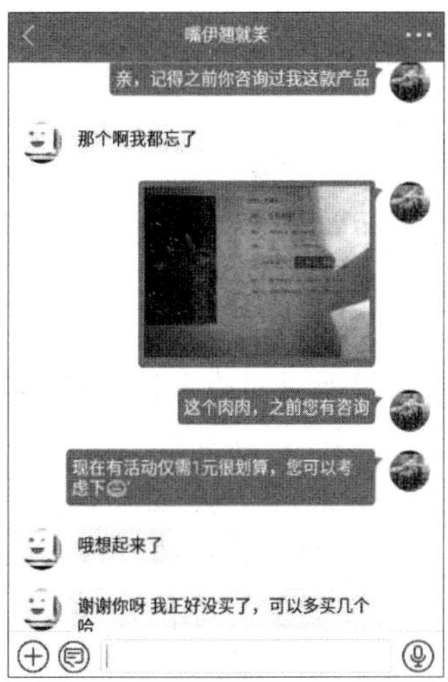

图 4-22 主动提醒客户，侧面刺激客户购买

如图 4-22 所示，当有客户咨询而没有购买商品时，如果客服直

接跟客户说："亲，您什么时候下单呢？"或"亲，您之前咨询过这款商品，怎么没买呢？"这样必然会被客户拒绝。最好的办法便是侧面刺激客户。告诉客户他曾经咨询的产品现在的优惠活动，这样做会给客户一种客服在给他传达好消息的感觉，如果客户真的有需求，往往会不吝下单的。

当然也有些客户喜欢跟客服说："我需要考虑一下。"其实往往这种时候只需要客服侧面刺激一下就可以成交了，但是千万不能直接跟客户说"不用考虑了，优惠马上就没有了。"等话语，这样说虽然比直接催客户赶紧下单好一点，但依然会使客户产生逆反心理，也许客户会想："这就是你们的销售手段吧，我倒要看看你们的优惠到什么时候。"当然也不可以问客户："您考虑得怎么样了？"这样更会让客户烦，甚至可能会导致客户离开。

这里我们举一个侧面刺激的小例子：在客户犹豫不决时，客服可以给客户推荐另外一个相同类型、相同价位的商品，然后让他对比一下，这样可以帮客户更慎重地进行选择，使客户对客服增加信任，产生一种对方为自己着想的心理，这样的话，不论客户选择哪一款商品都能够快速成交。

4.5.3 照顾客户心理的注意事项

很多客服在成交的过程中有些急功近利，并且一次性传达给客户过多信息，这种以为越多越好的盲目推销方式非常不可取，一般客服会犯的错误有以下几种，需要注意。

1. 要求客户给好评

商品物有所值，客户收到商品或者用过商品后自然会给好评；而最重要的是好评不仅仅是商品质量决定的，也是卖家的服务态度决定的，如果客服在与客户沟通过程中一直要求客户给好评，那么往往会引发客户的怀疑及逆反心理："凭什么我还没见着商品就给你好评？"所以，卖家切记不可这样做。

2. 要求客户收藏店铺

收藏店铺功能意味着卖家可以积累回头客，但是此时卖家的目标是快速成交，而不是被收藏店铺。所以卖家何不把目标放在如何卖出商品上呢？只要商品好，客户自然会复购并收藏。

3. 态度强硬

客户就是上帝这句话不是凭空而来的，做客服更要记住，客户就是自己的衣食父母，千万不能态度强硬地对客户说话："产品破碎不退换，介意慎拍""恕不议价""恕不退货"。从客户看到卖家的商品到咨询再到成交是一个沟通的过程，如果客服对客户说如此强硬的话，那么作为也曾是客户的我们，想想我们自己的心理就知道客户的心情了。

4. 不要过度推销

客户有需求才会来咨询，客服做好服务即可，过度推销反而会吓跑客户。从客户通过旺旺咨询客服的那一刻起，双方都明白彼此的身份，何必多此一举让客户厌烦呢？

为了提升订单量，为了完成销售，为了快速成交，客服切记要管住自己，遵循这些注意事项，如果客服能够做到这些，那么对于快速成交绝对有帮助。

4.6 利用营销工具促进销量

目前第三方营销工具有很多，包括微信、贴吧、网站、微博、微淘等，卖家们借助这些平台可以实现电商营销，也有很多淘宝卖家从中获得利益。对于中小卖家来说，如果没有更多的预算去做广告打响品牌，则可以借助这些营销工具实现流量转化，提升销量。

4.6.1 引流促销量最常用的三微营销工具

所谓三微营销工具，就是我们常用的微信、微博和微淘，对于许多中小卖家来说，虽然微淘相较于微信，没有那么火，但是在三微营销工具中，微淘是中小卖家的首选营销工具。

我们先来介绍微淘，微淘也就是微淘达人，卖家注册成为达人后，可以发布帖子进行推送。微淘是一款无线淘宝营销工具，为广大淘宝卖家提供了巨大的福利，并且成为一款卖家获取流量的利器（见图 4-23）。

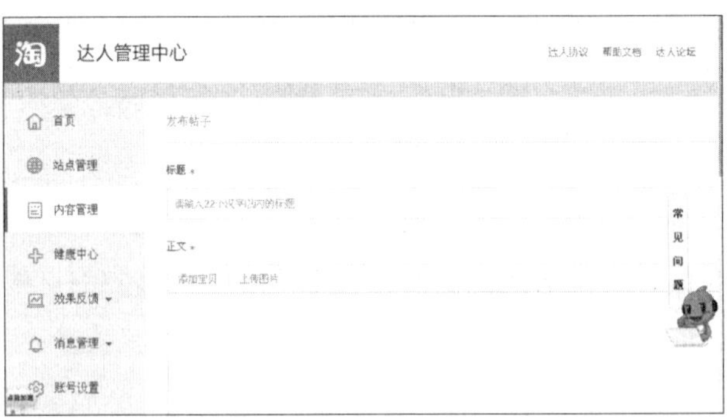

图 4-23　微淘达人发布平台页面

微淘介于微信和微博之间，而微信则只能对很多大号产生影响，平常的中小卖家无法做出大号。

目前自媒体盛行，微信公众号营销更是正盛，微信也较有号召力，并且大部分微信用户也比较喜欢利用微信公众平台与卖家互动。

【案例】阿芙精油的微信公众号以发布天猫店铺动态和与微信用户互动为主要营销方法，经常设置一些抽奖活动，例如客户签到获得积分，便可以参与抽奖等（见图 4-24）。

图 4-24　阿芙精油微信公众平台推送页面

微博与阿里有合作，利用微博提升流量也是有效方法。作为卖家，阿里还在微博这个平台提供了流量支持。对于钻石展位、直通车这种比较烧钱的营销方法，中小卖家无实力竞争，那么就可以选择三微营销工具。

这三个营销工具可以由一个人单独使用，当然如果有实力，卖家也可以组建团队营销，如果可以三微联合营销，定能对商品销售和推广起到不小的作用。工具是死的，关键在于卖家的营销方案如何，做得好，品牌与销量双丰收也未可知。

4.6.2　如何用微淘达人转化并提升销量

上一小节我们提到微淘，这里我们就详细介绍一下微淘达人如何才能被转化，继而使微淘直接成为提升销量的利器。微淘是淘宝无线端引流常用的营销工具，很多大型的淘宝网店都在做微淘营销，那么作为中小卖家，就更需要在微淘花费一些精力和时间了。当然，积累粉丝是缓慢的过程，想要一下子拥有成千上万的粉丝则不可能。这里我们还用案例来分析微淘是如何进行吸粉、转化的。

【案例】2015 年 5 月，百草味旗舰店就开始着力于微淘，特别是“517 吃货节”，在微淘发布后吸引了不少淘友参与，这对百草味旗舰店的流量和转化起到了很好的作用。经过几个月的运营，截至 2016 年 1 月 8 日，百草味旗舰店微淘活跃人数已经从最初的几十个人增加到上千人（见图 4-25 和图 4-26）。

图 4-25　百草味旗舰店 5 月微淘信息

图 4-26　百草味旗舰店页面

百草味卖家通过微淘发布“517 吃货节”活动信息，吸引淘友参与线下活动，把普通的粉丝转化为潜在客户，从而通过线下活动加深百草味品牌在客户心中的形象，可谓一举两得。通过一系列的活动发布及图文推广，百草味旗舰店的粉丝数量一直在增加。

【案例】七格格店铺会根据微淘每日发送不同内容观察粉丝的响应，该店铺通过对动态数据进行分析，发现买家对新品及活动的敏感度会比较高，因此就利用活动倒计时的图文信息将微淘客户直接引导到活动页面（见图 4-27）。

封面	标题	发布时间	UV	评论	赞	曝光量
	今晚0点上新，约吗？	2015-09-16	7540	11	42	14468
	【917新品】每周四上新揭秘第二波	2015-09-15	7302	6	19	8166
	【917新品】每周四上新揭秘啦	2015-09-14	8269	1	14	8991
	周末疯狂购，8.5折起包邮哦~	2015-09-12	9870	6	19	10822
	大爱机车皮衣，格格亲自示范哦！！！	2015-09-11	9886	6	30	11154
	抢货倒计时最后3小时	2015-09-10	18571	5	3[illegible]	

图 4-27　七格格微淘后台数据

七格格在最初经营的时候并没有多少评论，但是日积月累，建立了粉丝黏性，并让更多的粉丝参与到微淘中来，最终完成了进店转化成交。七格格通过长时间的摸索，建立了自己的微淘推广模式，一般是新品揭秘 + 上新日倒计时内容 + 热卖榜单 + 周末粉丝专享活动 + 其他不定的内容，如果是活动信息，还会配合活动解读、抢购攻略、倒计时提醒等。时间长了，便会有更多粉丝进店互动，评论和点赞量也不断增加。当然活动还需要奖品的激励，七格格还设置了不少奖品，吸引了更多用户加入。

总之，利用微淘营销一定要抓住客户心理，同时要及时分析数据，不论是利用促销信息吸引客户还是利用热点吸引客户，最终都能实现微淘转化。

4.7 如何利用淘宝促销活动提升销量

促销是快速提升销量的方法之一，前面章节我们已经介绍了利用淘宝提供的营销工具所能使用的促销方法，其实促销也有技巧，卖家的盲目促销可能使销量上去了但是利润却下降了，甚至亏本。好的促销方式必须在保证利润的情况下进行，这样才能算是真正地提升销量。

4.7.1 淘宝促销活动必须遵守的基本原则

决定客户能否购买商品的因素有很多，但其中最关键的因素之一是价格，卖家在琢磨买家心理的基础上要创造出种种易于买家接受、且能激发买家消费欲望的价格促销方式。促销是一个能直接提升销量的非常有效的方式。卖家其次需要考虑的才是提升自己店铺的浏览量、人气。这里我们总结五个淘宝促销的基本原则。

1. 成本预算必须在可控范围内

卖家一定要切记，促销的目的是为了提升销量，提升销量是为了帮店铺盈利，所以一定要在做促销活动前做预算控制成本。

如果一次促销活动之后，卖家没有盈利反而亏了，就得不偿失了。也有的卖家因为前期没有控制预算，结果促销的数额大，客户购买数量远远超出预期，此时要想保本，只有不给客户发货，但这样必然会带来负面影响。所以卖家一定要提前考虑预算问题。

2. 促销力度有讲究

所谓促销必然是有力度和范围的，如果一件商品今天是 50 元包邮，搞促销活动时从 50 元包邮降为 45 元包邮，这样的促销不能算作促销，优惠力度太小，客户一般不会为之所动。能吸引客户的促销必然是力度大的促销活动。

【案例】DFVC 天猫网店一件原价 996 元的棒球羽绒服，借着元旦狂欢，推出促销价 598 元，除此之外，还推出了手机淘宝购买享受 583 元的促销价格（见图 4-28）。

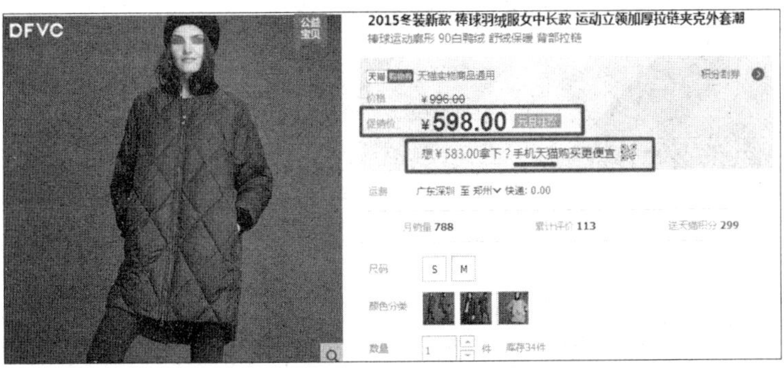

图 4-28　促销直接减免将近 400 元，非常诱人

3. 促销活动要传播出去

卖家要把商品的促销信息及优惠力度传播出去，才会有流量，这也就是之前章节所讲述的推广的作用，如果不把促销信息传播出去，客户不知道我们的优惠力度，自然就不会有流量。所以卖家在促销活动策划伊始，就要规划好促销的信息传播渠道，尽可能让更多的客户知道我们店铺做促销活动的信息。

4. 促销时间及手段要不要一成不变

促销说得直接一点就是利用短期的刺激让客户记住我们的店铺，并让客户关注我们的商品。如果一个店铺每天都是同样的时间、同样的促销活动，比如每天都是满 100 元包邮，当客户习惯后，就不再认为是促销优惠，而是固定地为客户提供的理所当然的服务。所以卖家要想长久保持良好的促销效果，必须时常变化。

【案例】这里我们还用 DFVC 天猫网店做例子，该店铺不仅设置了无门槛的 10 元优惠券，还设置了不同数额的满减优惠券，同时在主菜单中，还专门设置了不同节日的促销主会场及秒杀专区。图 4-29 为元旦专卖区的展示。

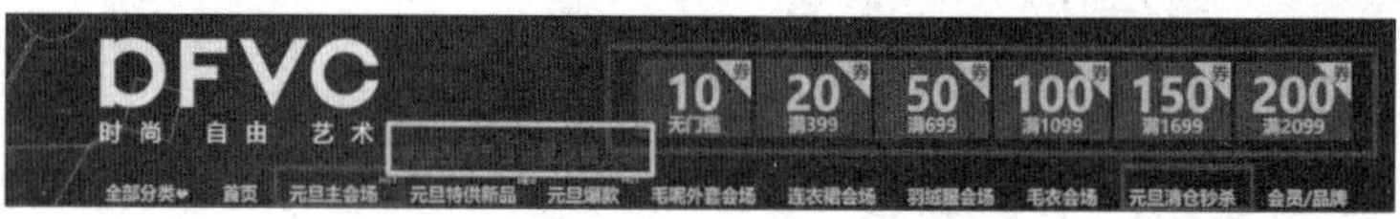

图 4-29　DFVC 店铺促销信息多样化

5. 促销后的价值减损预防

很多客户在促销过程中没有获得卖家店铺的促销信息，因此他们在促销活动后购买商品时会觉得价格没有促销时的价格划算，自己多花不少钱，所以比较沮丧。卖家做促销活动的时候可以考虑到一部分客户的这个心理，做一个后续的补救措施，有时候往往会收到比第一次促销更多的订单。

【案例】阿芙天猫官方旗舰店在2015年“双十一”当天的促销活动为所有商品全部半价，因为阿芙本身单品及套装价格最低都在300元左右，而半价之后单品价100多元就可以买到，所以“双十一”当天销量倍增，很多买家都在存货。当然考虑到错过活动的买家，阿芙又在“双十一”过后推出了“双十一”返场活动，收获颇丰。

如果卖家做一场促销活动能够遵循以上五个原则，基本都可以获得较好的促销效果，当然活动过后卖家也不要忘记对营业额进行系统地统计，这样就能够清晰地知道我们的活动效果，也便于为下次活动总结经验，做得更好。

4.7.2　淘宝网店五大类促销活动

卖家做促销活动要掌握方法，更要用对种类，一般来说，促销活动包括折扣促销、附加值促销、节日促销、活动促销、心理战促销五大类。而成功的促销活动则在于能吸引足够量的买家，所以卖家最终确定促销种类时一定要根据具体情况。下面我们来详解这五大促销种类。

1. 折扣促销

折扣促销也就是直接给客户打折，让客户享受到最直接的商品价格减免优惠，这一般是最吸引客户的一类。折扣促销分为降价折上折、分区域秒杀、阶梯价促销等。

【案例】梦芭莎官网清晰地分设了折扣区、价格区间区域，这样可以方便客户直接进入理想的折扣区挑选商品，同时客户也可以方便地进入到不同价格区域的会场选择商品（见图4-30）。

图 4-30　梦芭莎官网首页折扣区入口

2. 附加值促销

附加值促销是利用了一些客户的爱占小便宜的心理，因为喜欢小赠品而选择购买商品的客户不在少数，所以附加值促销若利用得好，会给卖家带来意想不到的收获。这种促销类别包括赠送服务，例如商品购买一年内保修、保换，一般用于电器类；加量不加价一般用于家居日用品；组合装买一送一则一般用于零食、杂货等商品；送小礼品赠品则适合所有商品种类。

3. 节日促销

节日促销是以时间点为缘由、利用时下的节日进行促销活动的一个促销种类，这种活动一般力度较大，例如“双十一”“双十二”、圣诞狂欢等。除了节日外，还有纪念形式的促销活动，例如店庆、店主生日、周年纪念等。

4. 活动促销

活动促销一般包括抽奖活动、签到有礼、收藏有礼、优惠券、免费试用、赢免单、红包现金券、满就减等多种形式（见

图 4-31）。

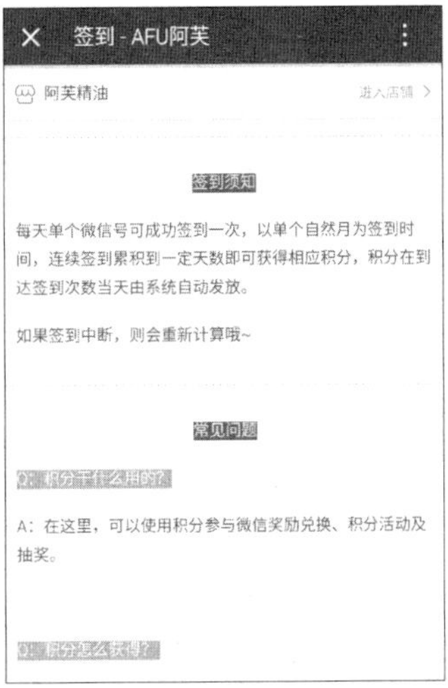

图 4-31　阿芙官方微信签到页面

5. 心理战促销

利用心理战一般是为了让客户快速购买商品，完成订单。卖家可以打造商品稀缺性，让客户感觉再不买就没货了，也可强调某商品因一点小缺陷降价促销，当然这种小缺陷必须建立在不影响正常使用及美观的基础上。这些促销活动都可能吸引客户哄抢。

促销的种类有很多，包括但不限于以上五种。最主要的是卖家选择适合自己店铺的促销种类，而不要单单为了追求销量而盲目促销。

第5章

打造爆款升级金牌卖家

给自己的淘宝网店打造出爆款，这是每个卖家都有的梦想，爆款就相当于一只会下金蛋的鸡，每天都能给店铺带来巨大的流量和销量，让店铺的收益更高。本章我们就讲讲淘宝网店如何成功打造爆款。

5.1 选款及市场行情分析

卖家要想打造爆款，首先要分析市场行情，知道当下流行什么，客户喜欢什么，只有了解市场才能选对商品款式，继而为市场提供一个有条件、有潜质成为爆款的商品。如果卖家不了解市场，盲目打造爆款，只能是血本无归。本节就告诉卖家如何选款及进行市场分析。

5.1.1 淘宝市场行情分析

市场行情分析主要分为市场行情分析、店铺内商品分析以及竞品分析。卖家只要了解这三方面信息，一般都能够掌握趋势，打造出令客户喜欢的爆品。

如何进行市场行情分析？

1. 市场行情分析

卖家一定要知道目前市场最流行的款式是什么，哪种款式最受客户欢迎。这些可以利用直通车流量进行分析，同时也可以利用第三方工具进行分析，例如生意参谋等。了解这些之后再利用淘宝指数看一下目前关于该款式商品的哪些关键词飙升得比较厉害，那么卖家在选择爆款时则可以着重选择这些风格的商品。

2. 店铺内商品分析

当卖家了解了大趋势后，就可以根据流行趋势来分析店铺内的商品，店铺内的商品同样可以根据店铺自身的流量及销售量来选择，同时也要兼顾符合店铺定位的商品，这个时候一定不要忽略打造爆品前的测试。卖家可以先将挑选的爆品上架后看看效果，如访客数、收藏加购、页面跳失率、访客平均价值等这些数据有什么变化，只有了解这些数据的变化，才能决定一款商品是否适合被专门打造。

3. 竞品分析

所谓知己知彼，百战不殆。商场最忌讳的就是出众，就像进货时大家都拿的货品一定会很畅销，很多人会说越是与众不同，越能突出自己的风格，这话不假，但是卖家打造爆款只有一次机会，只许成功不许失败，所以一定要选择大众化的商品，切忌出格，下一节我们将会介绍选款的一些技巧。

5.1.2　选款注意事项及技巧

打造爆款是为了吸引流量提升销量，所以什么款式的商品最吸引客户呢？当然是大众容易接受的，因为流量以人数来计算，大众化的商品吸引的流量是最多的，而个性的款式，则只能针对小众和细分人群，对于追求高流量的爆款来说，大众化是最不容易出错的选择，所以卖家在选款时一定要首先剔除过于个性的款式。

当然也有些淘宝卖家会说："翻开淘宝，商品风格千篇一律，为什么还要选这些？"要记住，流行的风格总是相似的，所以选择爆款不要害怕相似，在市场中都相似的情况下，胜出者往往在于细节。这个细节可能体现在商品页设计，也可能体现在服务。

如图5-1所示，两款衣服几乎一模一样，但是销量却千差万别。原因是第二款有了真人模特拍照，所以销量比较多。人们常说细节决定成败，即使商品内容一样，只要卖家注重细节，也能打造出比别人销量高出几千倍的爆款。

图 5-1 单纯罗列衣服与找真人模特展示的图片效果对比

那么一般来说，选款有哪些需要注意的呢？这里我们列举五大选款的潜规则。

1. 风格大众化

虽然人们都说要崇尚个性，但实际上在 10 个人中，8 个都是平常人，而剩下的 2 个有个性的人不一定在淘宝购物，所以抓住这 8 个人就是赢家。卖家选款一定要侧重大众化，因为这样涉及的客户群体才可能宽泛，有了广泛的客户群，流量就能提升，销量自然也能提升。

2. 如果是服装，一定要百搭

我们一般去品牌店购物，试一款衣服时可能尺码不合适，或者颜色不喜欢，结果店里的服务员过来告诉你："亲，我们家的衣服都是单款单色的"，竟然还很傲娇，我们就只好转身走了。这也意味着店家姿态虽高，其实客户是流失了的。而作为淘宝卖家千万不可以这样，款式一定要百搭，尺码一定要全，要适合广大客户群体才行，只有这样，才能打造爆款，爆款就是销量高流量大的商品，所以商品越百搭越好。

【案例】时尚欧洲站淘宝网店的一款秋冬织针衫拼接蕾丝连衣裙，图片上模特看起来都非常瘦，所以很容易让客户觉得自己不一定穿得上去，为了解决这一痛点，卖家特意在文字标题上加上“宽松大码”字样，这样通过使用图片会把腰围小的客户吸引进来，而同时腰围比较大的客户也会因为宽松大码字样点击商品链接（见图5-2），这样客户范围更广了。

图5-2　图片中模特看起来很瘦，但是文字中标注了大码

3. 商品质量要过关

一款商品之所以能成为爆款，一定满足两个条件：质优、价廉。客户关注的是质量，即使在价格打折的基础上，客户还是会更关心质量，因为一件商品不论价格高低，质量好才耐用。而质量也决定着客户的购物体验，决定着这些客户能否进行复购，所以商品的质量一定要过关，这是打造爆款最重要的条件。

4. 物有所值

如果一个客户购买了卖家的商品，到货后一看觉得亏了，那么这个流量多数是流失了，客户以后基本不会再到这家店铺买东西了。所以卖家打造的爆款一定要物有所值，不能以次充好，只有价格实惠、质量优良的商品才会真正吸引客户的眼球，促成购买。

5. 商品图效果要好

什么叫效果好？我们拿男装来说，模特一定要好看，模特穿上卖家的服装应该更好看，只有卖家呈献给客户的商品会给客户增值，让客户穿上更帅，客户才愿意去购买。但是模特帅并不是唯一的要求，最重要的是得把商品拍得有品质，卖家不要忘记最终目的。

图 5-3 的模特确实很帅，但是图片并没有拍出衣服的质感，相反，图 5-4 中虽然模特的脸都没有显示完整，但却展示出了服装的品质，所以图片效果好是指商品效果好，卖家不要以为拍效果图时找个美女、帅哥模特就万事大吉了。

图 5-3　模特很帅

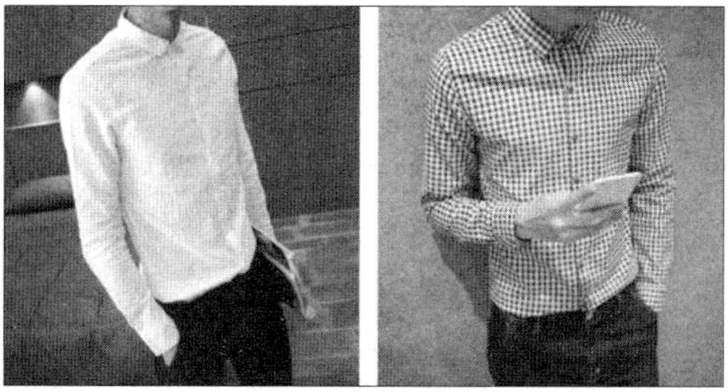

图5-4　模特没有露脸

选款很重要，商品的展示同样重要。卖家在选择了具有爆款潜质的商品后，自然也要对商品页面多下功夫，只有这样才能打造出完美的爆款。

5.2　爆款推广及后续维护

5.2.1　跟进爆款及打造风格化店铺

选好爆款后，卖家应如何推广才能让该商品成为爆款呢？这就需要卖家进行商品的预热、维护，并且在排名上不断优化、推广、引流，而且还需要把店铺视觉打造成独特的风格，这样更能有利于爆款的传播及整个店铺的品牌化。

关于商品的推广方式，我们在前面的章节中都已经详细讲过，这里不再细说，当卖家选择好有潜质的爆款商品后，可以通过直通车等方式进行预热，由此引入流量。除了做推广外，卖家也需要从内部进行优化，比如说价格设定。既然是爆款，就要设置一个有竞争优势的价格，不能比竞争对手高，同时即使价格低于竞争对手，质量也一定不能打折扣。另外利用详情页进行推广的方式，我们在之前章节也已经讲过，这里不再细说。

卖家通过前期推广对商品进行预热后，接下来就是维护环节了。当爆款成熟后，流量开始源源不断地进入店铺，此时爆款已经不单纯是一款商品了，它已经成为了能够提升整个店铺销量的关键。这个时候卖家必须把爆款与店铺风格统一起来，只有这样才能让客户在购买爆款的同时对店铺产生兴趣。

当卖家利用爆款将客户引入卖家的淘宝网店时，就一定要让客户能够记住这家店铺，卖家可以注册自己的商标和 Logo，然后特意和竞争对手保持差异。为什么要这样做？例如当我们在淘宝网搜索“耳机”时，会出现很多相似的耳机，这时客户会如何选择呢？有可能会一一点进去看，而此时决定客户能否购买的关键就是店铺信息和详情页介绍（见图 5-5）。

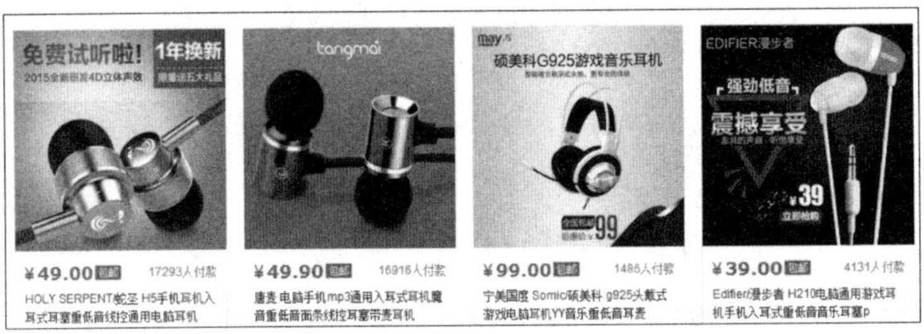

图 5-5　淘宝网搜“耳机”显示出来的商品千篇一律

卖家在打造爆款的时候，一定要注重与竞争对手保持差异，选好角度，或者打造自己店铺与众不同的风格，这也是决定能否将流量进行转化的重要因素之一。

对于打造爆款，最终转化才是核心。淘宝市场中比较重视模仿，某淘宝网店今天推出一个爆款，明天一搜淘宝，很可能各个淘宝网店都已开始复制，甚至不惜以更低的价格销售。所以真正能够利用一个爆款获得流量甚至客户的，就是店铺支撑。那么店铺的风格如何打造呢？要风格显著且始终如一，不能一会儿重口味、一会儿文艺范儿、一会儿小清新。店铺风格多变会让客户无所适从。客户每次来都换一个风格，不利于让客户对店铺产生黏性，也很难进行二次转化。

【案例】裂帛是淘宝网上的一个比较知名的淘宝网店，它主要以自然风、民族风风格为主，不论是在商品详情页，还是文字文案，商品描述都颇具意境，这个风格吸引了不少文艺女青年、中年人和一大批具有民族情怀的客户成为其忠实的粉丝（见图5-6和图5-7）。

图5-6　裂帛首页大图

图5-7　裂帛商品详情页文案介绍

只要卖家能在前期做好推广，并将店铺打造成具有独特风格的店铺，那么卖家通过爆款吸引进来的流量就有可能成为其店铺的粉丝，通过爆款带动整个店铺的流量增加，那么爆款才有意义。

5.2.2 利用饥饿营销持续爆款热度

前面几节通过分析爆款的特性以及如何打造爆款，我们已经了解了打造一个爆款的大致策略及步骤，那么现在卖家需要知道打造爆款后如何维持爆款热度。而维持爆款热度最重要的两点是加大引流并做好关联销售。

俗话说“物以稀为贵”，俗话又说“贪小便宜是每个客户的特性”。所以对于淘宝卖家来说，如果想持续保持爆款的热度，就必须使用一些营销手段，其中之一便是饥饿营销。如果卖家供货永远少于客户的需求，那么客户则很容易对商品产生饥渴心理，这也是饥饿营销的基本原理。一般来说饥饿营销的常用手段分为预售、分批销售、秒杀、限时或限量销售等。

【案例】天然出品淘宝网店是一个经营7年的老店，它参与了淘宝2015年“双十二”优惠活动，该活动采用了预售的优惠价格吸引客户，商品原价为239元，而通过预售下单购买则只需要179元。同时当预售阶段结束后，才可以开通抢购，抢购也会设置一个时间段，等抢购阶段过后，客户才可以开始购买。这个持续的时间段能够持续该产品的火爆，同时也能让更多的客户看到并加入购买行列（见图5-8）。

图 5-8 天然出品“双十二”预售产品页面

天然出品淘宝网店的这种预售手段很好地维系了爆款的持续性，如果参与预售活动的客户会持续关注该产品，便能为淘宝网店引入更多流量。

与预售有着异曲同工之妙的可持续爆款热度的方法还有另外一个，即售罄接受预订。一般某商品售罄会给客户一种其非常畅销的感觉，而多数人喜欢的都是经过验证的好商品，所以当一件商品售罄并又接受预订的时候，就会有更多的客户愿意去预订。

【案例】《腔调》杂货铺是一家开了6年的女装老店，该淘宝网店卖的服装非常有个性，经常出现售罄的情况，但售罄后的服装并未下架，而是采用预订的方式持续售卖。这种接受预订的方法不仅保持了该商品的持续热度，并且售罄后的订单量反而增加了（见图5-9）。

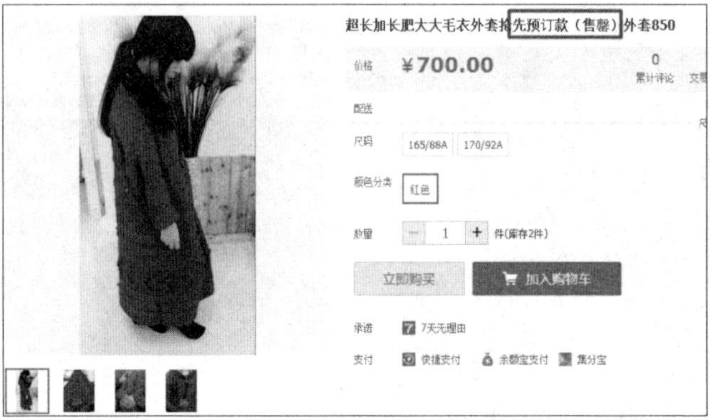

图 5-9 《腔调》杂货铺售罄预订款产品页面

一般饥饿营销能够带给淘宝网店很大的流量，并且能够通过预订、预售等方式持续引入流量。如《腔调》杂货铺，先以商品售罄制造出商品的畅销状态，然后以预订的形式持续商品售卖，能够为淘宝网店带来持续的流量，同时利用该爆款也能带动整个店铺的人气和销量。

这种方式不仅能够持续爆款热度，同时还能避免卖家压货，但是由于这样做一般预订量比较大，卖家如果不能保持在某一阶段正常为客户发货，那么后续则可能引发客户的信任问题。所以卖家在持续爆款策略的同时，也需要量力而为。

5.2.3 关联销售，用爆款延续爆款热度

打造爆款的目的是为了提升销量，而最终的目的其实是为了吸引更多的优质流量，当卖家这两项目的都达成时，说明爆款打造已经成功，但是难题在于持续爆款热度。不论是预订还是预售，其实都是有期限的，即使能够持续爆款热度，也只是一时，

这时卖家就必须利用已经打造成功的爆款做关联销售，在爆款活动尾声让另外一个爆款接过来成为下一个爆款。这样，对于淘宝网店来说，就总能持续爆款热度，虽然它们不是同一件商品，但对于店铺来说，则同样拥有爆款热度。

下面我们就来看一下爆款如何进行关联销售，也就是带动其他有利润的商品，形成可持续发展的爆款，同时形成爆款的良性循环。

【案例】关联销售一般会利用套餐方式，例如家家有百货的淘宝网店做了一个爆款厨房锅盖架，11.9元能买两个，非常优惠。但是在做这一个爆款的同时，家家百货淘宝网店又以套餐搭配更优惠的方式将其他相关联宝贝进行了曝光，那么爆款吸引的流量也会不自觉地转移给其他宝贝，同时带动其他宝贝的销量，打造出另外的爆款（见图5-10）。

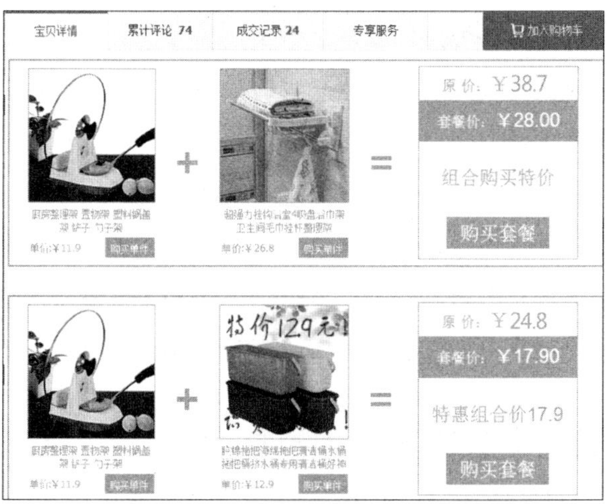

图5-10　家家有百货套餐搭配页面

套餐搭配购买，原来两件产品价值为 38.7 元，搭配购买则 28 元，省下 10.7 元，相当于价格的一半。所以购买套餐对于客户来说是非常划算的，也能让客户愿意购买，而卖家可以顺利将来自爆款的流量引入其他产品，选对受客户喜欢的商品，很容易就能打造出第二个爆款，延续第一个爆款的热度。

除了在商品页面推荐套餐搭配的方式外，卖家还可以在商品页面的最上面展示更多套餐搭配，让客户选择更多的商品（见图 5-11）。

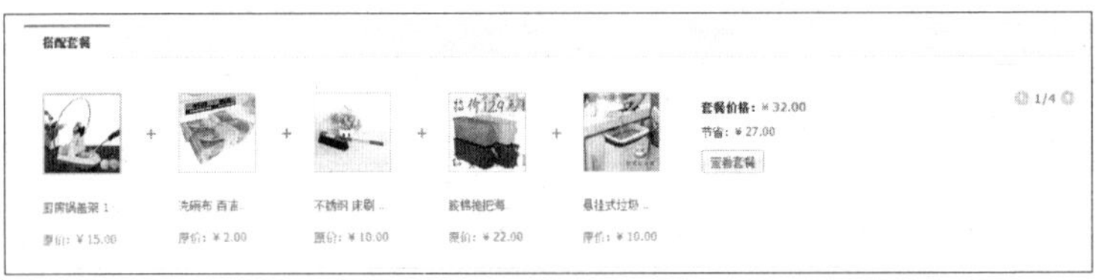

图 5-11　家家有百货搭配套餐推荐页面

这种方式也能够顺利将爆款带来的流量引入其他商品，从而打造新的爆款。当然这种关联销售以爆款带动爆款，以打造店铺持续爆款的方式，最重要的是选择和爆款相关联的商品，或者是大众都需要的商品，往往这样会起到更好的效果。

总而言之，卖家成功打造一个爆款容易，但是维持爆款的热度则需要不断将其进行曝光，同时懂得策划不同营销活动来提升持续吸引力，只有后期运营得当，才能够达到持续爆款的目的。

5.3　维护爆款带来的客户群

当卖家成功打造一个爆款，并且利用爆款吸引了大量流量，甚至带动了店铺其他商品的销量时，我们需要做的就是维护爆款带来的客户群，如果一个店铺只靠每次活动，或者单独一个爆款吸引流量，那么永远做不好，所以卖家需要把新加入的客户吸引过来，让其成为老客户，甚至忠实客户。

5.3.1　维护这批客户的好处

对淘宝网店来说，即使有了爆款，新加入的客源也是有限的，不可能源源不断，并且爆款也总有下架的时候，所以维护爆款带来的客户是必须的，那么如何把这些仅仅因为爆款购买过一次商品的客户维护起来呢？维护他们的好处又有哪些呢？其实对于淘宝网店来说，好处显而易见，作为卖家，自然是买家越多越好，但是买家买不买，买家在哪里，都不受我们控制，如果能够提升客户回头率，把那些哪怕只消费过一次的客户培养成忠实客户，对卖家来说是很重要的事情。

维护客户一个显而易见的好处是提升店铺的DSR（动态评分），卖家要成为金牌卖家，店铺的DSR是一个重要的考核标准，如果客户已经购买过一次商品了，又产生复购，那么一定是对卖家的店铺比较认可，一般不会给差评，这样店铺的DSR便可以提升。

维护好客户还可以提升店铺的流量价值。流量对于一个淘宝网店来说是重中之重，所以很多店铺都会拼命用淘宝直通车、淘宝客、钻石展位等方式来吸引流量，但是这些都难以保障，而老客户就不一样了，老客户已经了解了某家店铺及其商品，这也就意味着，如果老客户进入这家店铺，一定是有需求，所以成交率比较高，这样流量价值也会提升。同时如果该店铺拥有一定数量的老客户，老客户可能会帮店铺转介绍新客户。卖家不要小看这个流量，无形中会为店铺增加不少新客户。

除了以上好处之外，老客户还能帮店铺提升客单价。许多客户网购都会因为见不到实际商品而犹豫不决，其实最重要的是担心质量问题，但是老客户对店铺已经非常了解了，这种情况下，一般如果卖家设置套餐优惠等活动，只要是款式能博得老客户的喜欢，又没有质量之忧，这些老客户一般都会购买。

由此可见卖家如果能够把爆款带来的流量利用起来，会为店铺带来很大的好处，并且将新客户发展为老客户后，维护老客户的成本也比再开发新客户成本低。

5.3.2　如何维护这批客户群

既然维护这批客户对店铺有这么多好处，接下来就是如何维护这批客户的问题了。淘宝网店首选社交工具为阿里旺旺和亲淘，卖家可以利用这些工具和客户聊天，将客户加入到自己的微信或者 QQ 好友中，建立客户群。

有了这个客户群后，卖家就要多和客户沟通，时不时在群里做一些活动，活跃一下气氛，同时，也可以开始发展会员，培养资深客户和店铺粉丝。

老客户在于养，而不是一朝一夕就能成为老客户的，卖家需要时刻给客户以信任，同时也让客户认为卖家值得信任。当然卖家有了客户群，千万不能每次都推送给客户硬性的广告，客户需要的是关怀，而不是强卖，平时卖家应该多去关心客户，那么在客户对卖家有好印象的同时也会对卖家的店铺大大加分，甚至主动给卖家介绍客户。

当然卖家也可以利用节日或者活动促销时，站在客户立场的角度，告诉他们现在购买可以享受到很大的优惠，以这种方式告诉客户，客户会感受到卖家是在给他们提供好消息，提供福利，那么购买的概率也比较大。维护客户群是为了促进商品的销量，但是强硬的营销方式没有人会喜欢。卖家以关怀为主，客户自然会想到卖家的店铺。

最后就是发展会员。可以给客户办会员卡，客户有一张店铺的会员卡，潜意识里就成为该店铺的一员，因为会员有固定的优惠，更能提升客户黏性。总之卖家维护客户不能心急，要细心分析、用心呵护。只要能够最终将客户发展为会员和忠诚粉丝，那么让客户复购就是很容易的事情，到此，也是打造爆款最后收成的时候。

5.4 了解集中打造爆款的销售模式

卖家打造爆款有很多种玩法，包括直通车、钻石展位、9.9元包邮等方式，但是打造爆款有一个很重要的事情不能忽略，就是要选择适合自己店铺情况的方式去打造爆款。

5.4.1 打造爆款的常用销售模式

一个淘宝网店要想获得成功，最核心的方式可以说就是爆款的打造，那么淘宝网发展了这么多年，早已经有一个固定的打造爆款的模式，对于淘宝卖家来说，就是根据自己的店铺情况，选择适合自己店铺的销售模式，一般来讲，打造爆款的销售模式主要有以下几种。

1. 直通车打造爆款

2009 年之前，直通车还叫雅虎直通车，自 2009 年改名为淘宝直通车后，这个营销工具开始被淘宝卖家奉为营销法宝，正式进入它的黄金时代。淘宝直通车为卖家提供了数个推广计划，卖家可以同时推广两组相同的商品，并且设置相似的标题，那么直通车会不定时将卖家设置的两组商品轮流推广出去，这时卖家可以检测哪个效果好，然后选取效果比较好的一组商品做直通车长期推广，此时也可以去优化另一个商品，如果检测到展示效果比前一个好，还可以互换，这样长期坚持这一动作，最后就可以同时打造出两个爆款，而且两个爆款都是卖家店铺的，自己跟自己竞争，最后盈利的还是卖家自己（见图 5-12）。

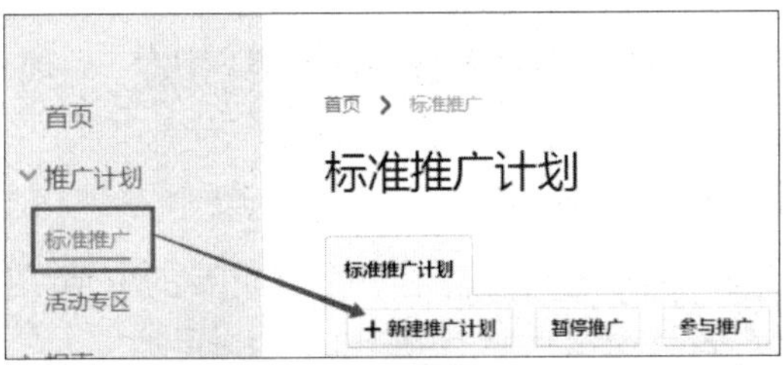

图 5-12　直通车推广计划页面

2. 利用钻石展位打造爆款

钻石展位是一个展示类的工具，所以在卖家利用钻石展位打造爆款的时候一定要选择好的素材以及定向。优秀的素材创意和精准的定向流量能决定钻石展位能否帮卖家打造爆款，带来流量和销量。投放钻石展位后也需要卖家不断进行优化，前期最好做一个素材的测试，保证流量的精准提升。卖家投放钻石展位要对定向、素材、展位、投放时间段等做一个详细的测试，并根据每日数据反馈及时调整优化。

3. 9.9 包邮打造爆款

相比直通车和钻石展位，9.9 包邮风险较低，不用给营销工具投入资金，卖家只需直接将自己的商品进行减价推出。这种低价活动冲销量的方式也能很快吸引不少流量，从而打造出爆款。这里有个小技巧，不要一直 9.9 包邮，而要以 7 天一个周期阶梯方式提升价格，店铺的人气排名、销量排名就会慢慢提升（见图 5-13），很多淘宝网店便是用这种方式打造爆款，卖家也可以直接在商品主图上标注销量，给人一种商品畅销的感觉。

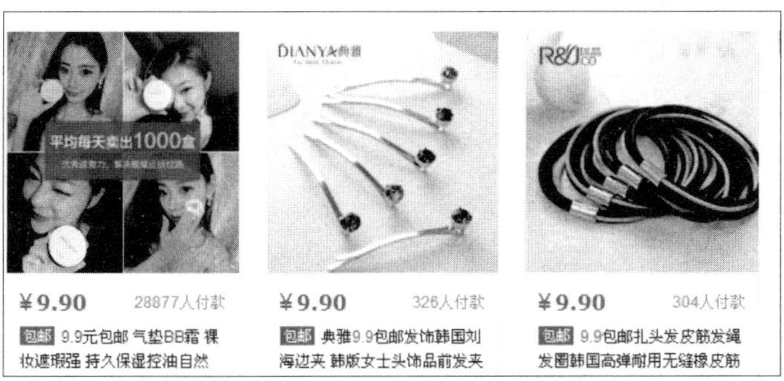

图 5-13　9.9 包邮淘宝搜索页面

其他销售模式还有淘宝客推广打造爆款，利用微博打造爆款等，都比较适合中小卖家打造爆款，只有选对销售方式，才能真正打造属于自己淘宝网店的爆款。

5.4.2 成功打造爆款的案例解析

某某是一家女装淘宝网店的店主，她自己比较喜欢搭配，所以开了一家淘宝网店，自己摸索着学习如何打造爆款女装，时间长了也积累出自己的一套运作的经验，月销量过千不成问题。她在爆款衣服的设计生产、模特拍摄、销售和售后四大方面均有独自的经验。

1. 如何选定爆款

小卖家千万不要盲目跟风投入去做生产，因为一旦失败将血本无归，大多淘宝卖家都是以进货为渠道，所以这里我们不对商品的生产作深入分析。一般爆款都是跟风大牌，例如国际知名服装杂志国际名模的衣服，或者是某大品牌服装发布会流行款式。

2. 如何拍效果图

不论是进货还是生产，当卖家的商品被送达买家手中的时候，就需要拍效果图了，这是最关键的一步，能不能成为爆款，就要看图片拍得怎么样。很多淘宝卖家会选择官方模特图片，但是不同的卖家的同一款衣服则会被经过后期处理，这也是为何我们常常会看到同一款衣服，风格却完全不同。但是卖家做效果图，是给客户看的，一定要尽量在保持衣服原来优势的前提下拍出品质感。当然如果是卖家自己拍图片，模特也要选好，不同的衣服配不同气质的模特，要想拍摄一套能成为爆款的衣服，一定要注重细节。最后，不要过度 PS，写实性的效果图往往比修饰过度的效果图要更让客户喜欢。效果图的真实性高，也能降低退货率。图 5-14 与图 5-15 中的两款商品一样，但是效果图则有很大差别。

图 5-14　颜色比较亮

图 5-15　颜色比较暗淡

3. 如何提升商品销量

一切准备就绪，卖家就要开始打造爆款了，对爆款来说，最重要的是销量，卖家将爆款发布到淘宝网店，就等于和全国的淘宝卖家进行流量争夺，这时就需要用到优秀的客服了，关于客服如何提升销量，我们已在前面章节讲过。

4. 售后

面对竞争激烈的淘宝，卖家要做到商品品质至上，才能减少售后的问题，卖家需要用良好的售后来让客户产生信任、提升商品品质、减少退货率，因为一旦退货率太多，金牌卖家的标识很可能会被收回。卖家最重要的工作是在控制退货率的前提下把销量提升上去，以此保留金牌卖家的荣誉。

卖家只要能够做到以上四点，就可以快速打造一个爆款，并且还能降低退货率。其实降低退货率还有一个小技巧，在这个例子中就是客服需要知道什么尺寸的衣服适合什么身材的人，只有掌握这些，才能合理地帮助客户推荐最适合她尺寸的服饰，也就减少了退换货的麻烦。

第6章

会员制维护老客户黏性

会员营销是卖家维护老客户的一种最常用也是最方便的方法。客户在淘宝网店首次购买商品后，淘宝客服通过沟通为客户提供差异化服务，将客户发展为会员继而成为淘宝网店忠实粉丝，会员可以帮助淘宝网店实现客户黏性。

6.1 什么是会员营销

会员营销能够帮助淘宝网店培养忠实粉丝，同时增加客户黏性。对于只有第一次来卖家淘宝网店消费的客户，如果能让她进行复购甚至成为自己店铺的忠实粉丝，就可以利用会员营销。卖家通过会员营销能够建立与客户的长期联系。

营销大师文德曼（Wunderman）曾经有过这样一句话："生产商 90% 的利润来自回头客，只有 10% 来自零星的散客；企业挽留顾客的比率增加 5%，获利便可提升 25%~100%；维持一个老客户所需的成本是寻求一个新客户成本的 0.5 倍；要使一个失去的老客户重新成为新客户所花费的成本则是寻找一个新客户成本的 10 倍。"

也就是说卖家淘宝网店的销量有 90% 的利润来自回头客，这也是卖家要做会员营销的关键，只有将来店铺消费过的客户升级为会员，才能够真正留住这些客户，让她们成为自己的回头客，会员通过口碑传播再为该店铺带来更多的新客户，实现更多的利润增长。

【案例】麦包包作为国内最大的时尚箱包在线商城，也采用了会员营销，成立了会员俱乐部，其中包括会员等级的划分、会员优惠措施。麦包包的会员俱乐部是从 2010 年开始的，主要是让快乐的会员将这份快乐推荐给好友，让曾经历糟糕的购物体验的客户重新建立对品牌的认识，对品牌产生好感。通过 5 年的摸索和经营，和客户不断互动设置优惠活动，定期给会员发送"寄给麦友的信"，都受到了客户的好评。

麦包包的会员为会员设置了专属通道，会员不仅可以享受特权，还可以参与活动。会员可以积累麦豆，然后用来抽取礼品、兑换免费包包，同时也能利用麦豆直接抵现金，这点有点类似淘宝的淘金币（见图 6-1）。

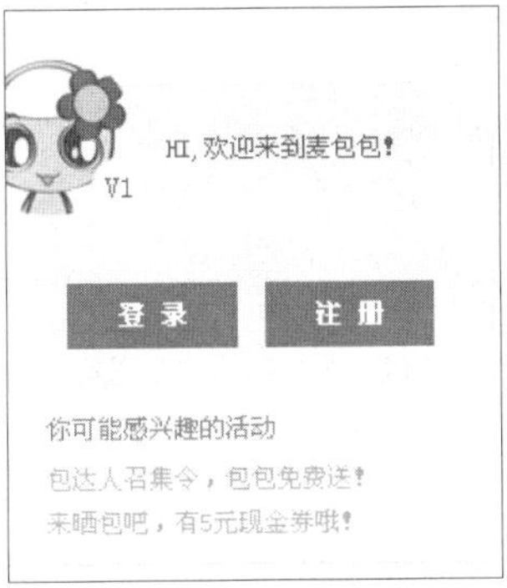

图 6-1　麦包包会员可参与活动

有了这个案例，我们就更明白什么是会员营销。简单来说就是淘宝网店和客户之间产生一个沟通渠道，将会员和普通客户区分开，让会员拥有在该店铺区别于普通客户的特权，卖家要了解他们的需求，为他们提供贴心的服务和优惠活动，为他们提供良好的购物体验，从而让她们对该淘宝网店产生黏性。

6.2　淘宝会员卡营销攻略

淘宝会员卡能够为客户带来更大的优惠，也能促使客户积极成交。所以对淘宝网店来说，如果鼓励来访的客户都办理该店铺的会员卡，那么就能在无形中为该店铺增加很多潜在长期合作客户。

6.2.1 淘宝会员卡和淘宝 VIP 卡

淘宝网推出了 VIP 卡，能够让客户享受折扣，而会员卡是淘宝卖家发放的，这两种卡有本质的区别，但是都能够为店铺带来不小的流量，为客户提供很大的优惠。现在也有越来越多的淘宝网店使用淘宝会员卡进行营销，那么我们接下来就为大家集中讲解淘宝卡营销常用的几种攻略。

1. 主动游说客户办理会员卡

每个到访的客户都可能会通过淘宝聊天软件跟卖家讲价或者询问商品详情，这个时候卖家就可以及时向客户介绍会员卡。

2. 用会员卡权益诱导客户加入

对于跟卖家要求商品优惠点的客户，卖家可以跟她说如果有会员卡就可以享受折扣，从而让她们考虑办理会员卡。

那么如何领取会员卡呢？有的客户可能不知道，卖家要告诉她如何领取，才能享受优惠。这里我们以手机淘宝为例，客户登录手机淘宝后，进入我的淘宝页面点击“卡券包”（见图 6-2），进入“卡券包”页面，选择“会员卡”（见图 6-3），然后进入“领取会员卡”页面，选择所要领取的会员卡，即可享受优惠（见图 6-4）。

图 6-2 “我的淘宝”页面

图 6-3　卡券包页面

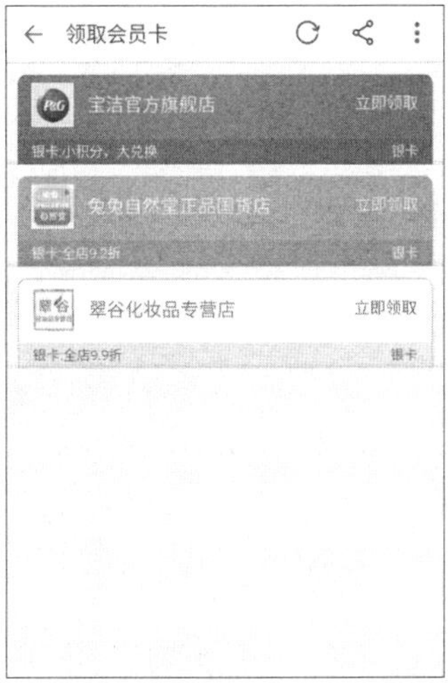

图 6-4　领取会员卡页面

不同淘宝网店的会员卡权益会有不同，有的会员卡可以直接享受折扣；有的店铺的会员卡可以优先参与店铺活动，给客户发送最新优惠资讯；也有的可以累积积分享受其他权益。

会员卡营销最大的好处便是给客户优惠的同时，也能够让客户对店铺产生黏性，从而培养出更多的忠实客户，提升客户回头率，提升店铺销售额。

除了店铺推出的会员卡外，淘宝官方也推出了淘宝 VIP 卡，淘宝 VIP 卡会员可以在淘宝任意一家淘宝网店购买支持此项服务的商品，不过只有淘宝会员才能使用，所以淘宝网店也可以加入此项活动，为该店铺的客户提供淘宝 VIP 卡会员服务。

在淘宝卖家中心店铺后台，进入宝贝管理一栏“出售中的宝贝”，在出售中的宝贝页面，勾选要设置淘宝 VIP 的商品，点击

“设置淘宝 VIP”，然后设置淘宝 VIP 会员可享受的折扣，确定即可（见图 6-5）。

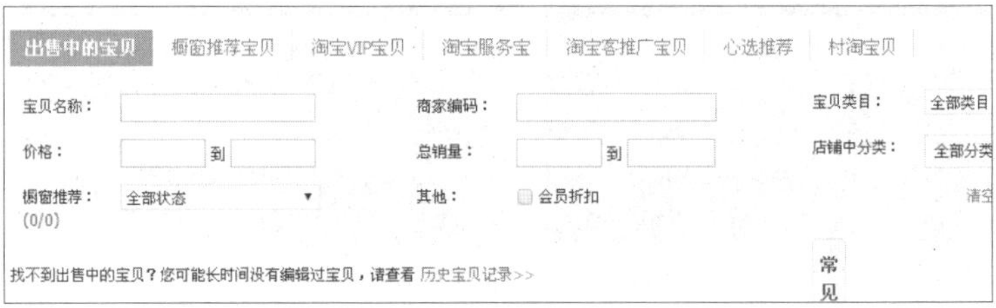

图 6-5　淘宝 VIP 宝贝设置页面

6.2.2　设置淘宝会员制度的注意事项

淘宝设置会员卡，是为了方便客户和淘宝卖家双方，那么既然设置了会员卡，就必须有相应的会员制度。作为淘宝卖家，既然想黏合客户，提高客户购买率，就必须拥有一套吸引客户的营销模式。

很多淘宝网店的会员制度都很详尽，有些会员卡甚至是终身制的，这都有效地提升了客户的黏性。一般来讲，客户拥有会员卡后，就默认成为卖家店铺的会员，相应的也要遵守会员制度。建立会员制度会对卖家有不少好处：

（1）稳定客户资源。当客户成为会员后，可以帮卖家的店铺带来稳定的销售收入。同时也增强了客户对店铺的认同感。

（2）当客户成为卖家店铺的会员后，卖家可以更方便地收集客户的信息，这也为卖家下一次的销售活动打好了基础，建立会员资料库后，卖家和会员的沟通更方便了，卖家可以随时了解客户需求，然后制定个性化销售方案。

（3）增加持续收入和利润。现在淘宝行业竞争激烈，如果卖家店铺有了一定数量的会员，那么就相当于不用发愁客户流量，只要能够维护好这些会员客户，经营压力就会减少，也没有了后顾之忧，可以放心去开发新客户了。

会员制度可以更好地帮助卖家进行会员管理，也能够让客户更清楚会员的各种优惠和权益。正因为有会员制度的建立，让客户感到受尊重，她会更珍惜这一身份和她在卖家店铺中所能享受到的权益。卖家需要注意的是，既然有会员制度，就一定要将会员区分于普通客户，给会员更大的权益，如果没有分别，那会员凭什么要成为会员呢？

会员优惠活动需要定期举办，否则会员黏性便会流失。卖家可以将会员活动公告放在店铺最显眼的地方，以此获取更多流量，也能让会员在第一时间了解店铺内的会员优惠政策（见图6-6）。

图6-6　会员优惠写在标题显眼位置

6.3 如何沉淀会员并激活会员

会员需要卖家去维护，并不是成为会员后，客户就会主动去卖家的店铺购买商品，这个过程需要卖家去沉淀。那么如何将不活跃的会员激活，又如何沉淀并维护这些会员呢？这就是我们这一节要重点讲的内容。

6.3.1 沉淀会员并激发会员黏性

卖家可以利用微博、微淘、QQ 群等软件将会员集中起来管理，及时向会员传递商品的最新优惠信息，同时也可以不定时向会员发送有奖转发、互动有礼等活动吸引会员参与，有参与、有互动会员才能活跃起来，否则时间一长这些会员便可能名不副实。

卖家除了积极和会员互动外，也可以为会员提供专享服务，一般有以下三种方式。

1. 设置会员专属折扣及专享服务

很多店铺会设置会员专享价，比如会员享受 8 折，如果遇到平时促销活动，可以享受折上折；有的店铺会设置会员日，在会员日当天会员购买商品时可享受优惠；有的淘宝网店会专门在店铺中设置会员专区，只要是会员在会员专区购买商品，均可以享受会员折扣；当然也有的店铺会在新品上市的时候，给会员优先试用的机会。如果让会员感受到加入店铺的会员会有很多优惠，并且随时都有机会获得额外收获，那么很多会员便不会甘于沉默，而愿意参与店铺中的会员互动活动（见图 6-7）。

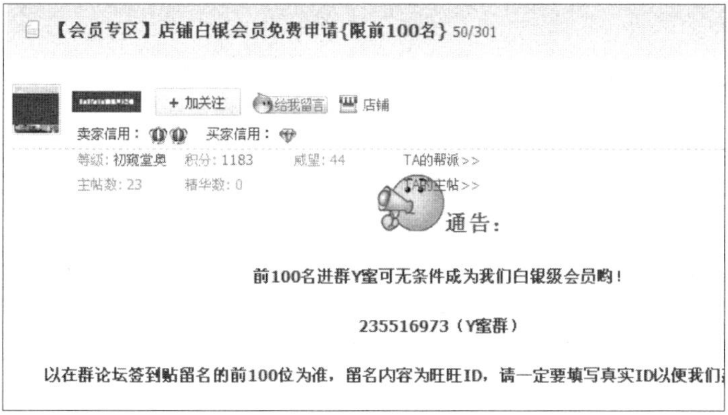

图 6-7　会员专区白金会员申请贴吧宣传

2. 培养会员黏性

如果卖家能够通过给会员不同的优惠激活客户，让客户愿意参与店铺的活动，接下来就需要培养客户黏性了。很多淘宝网店会设置金币签到功能，会员签到获得的金币可以在购物时抵扣现金，从而吸引会员定期来访。例如会员日，卖家可以设置每周一次，设置的周期短，也有利于培养客户黏性（见图 6-8）。

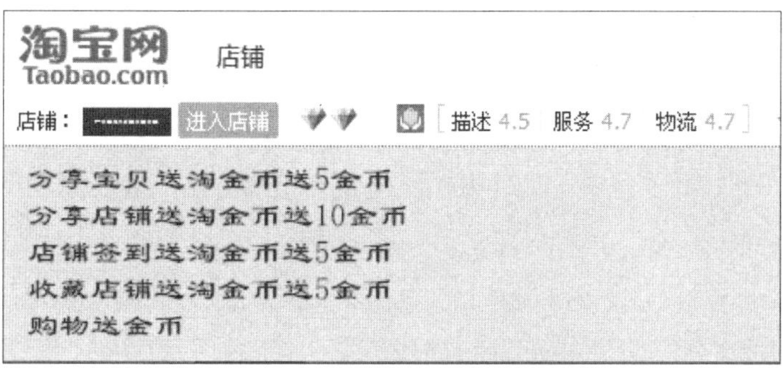

图 6-8　签到送积分店铺公告

3. 积极吸引长期无互动无购买的会员

很多会员对于签到类活动都是一时激情，过几天可能就没那么大热情了。或者客户仅仅是因为某件商品在卖家店铺购物，所以当客户休眠的时候，卖家一定要积极主动联系客户，可以利用邮件、短信，或者是直减优惠券把客户再次吸引过来（见图 6-9）。

卖家只要能够持续策划活动，并积极主动邀请客户参与，当客户养成习惯后，就可以沉淀为卖家的忠实粉丝，这也是会员营销最大的效果。

图 6-9　短信提醒优惠券未用

6.3.2　唤醒沉睡会员的四大活动

激活会员后，很多客户都愿意参与店铺活动，那么如何让客户愿意随时都关注店铺，并且每次都能够及时参与店铺的互动，并主动消费呢？这就需要卖家尽心的设计活动内容，让客户感兴趣，并且能享受到店铺的实惠。这里我们给卖家提供四个常见的活动方法。

1. 会员群

会员群并不属于活动方法，但是却是卖家组织客户活动不可缺少的一部分。只有把愿意参与店铺互动的客户拉到一个会员群，才能够更好地跟客户沟通，也能更好地进行会员管理，同时在群里的客户可以第一时间获得最新优惠信息，而作为店铺管理者则可以多听听客户的建议和想法，卖家只有深入了解客户需求，才能做好服务，留住客户。客户群最常举办的活动是抢红包活动。

2. 会员生日活动

很多店铺都会在会员生日当天送给会员一些小礼品，或者购物送优惠。这种方法可以让客户感受到被重视，也会对店铺的贴心感到满意，从而愿意在该店铺消费。

3. 领优惠券再购买

其实我们可以看到各个淘宝网店的优惠券，少则 5 元，多则 20 元，金额并不多，为何客户会喜欢领优惠券呢？其实几十元的优惠，客户并不在乎，但是客户需要的满足是享受优惠的心理。所以如果卖家可以给会员领取的优惠券高于普通客户一些，哪怕仅仅是 5 元，也会让会员心里大大满足，客户也愿意每次都到这家店铺消费。

【案例】森马官方旗舰店针对进店的不同的买家，进行分层运营，不同的买家可以领取不同的礼包或享受专享权益，新人大礼包是该店铺面向从未在店铺有过成功交易记录的新客户的礼包，设置了新人专享的优惠券，新人领取优惠券后，再参与新人专享活动，能享受双重优惠；开卡礼包是面向在店铺有过成功交易记录但未领卡的会员的礼包，设置会员专享的优惠券，会员领取礼包时会自动获取会员卡，同时参与会员专享活动，享受双重优惠（见图 6-10）。

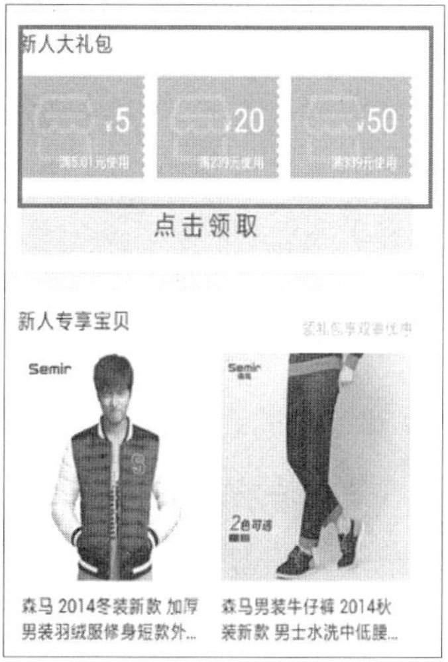

图 6-10　森马新人优惠券

4. 会员转介绍

会员大都有自己的朋友，如果会员可以帮店铺介绍新客户，那么卖家可以给该会员送淘金币，送积分，甚至直接送红包。这样让老会员获得实惠的同时，也帮店铺带来了新客户。

卖家只要能够玩转这四个活动，拿下有商品需求的客户不成问题，需要注意的是，对于卖家来说，会员是最大的宝藏，不论是已经购买并一直持续购买的会员，还是仅仅购买过一次而沉淀的会员，都是卖家的财富，如果能好好加以维护，定会为店铺带来持续不断的收益。

6.4 淘宝会员营销

卖家要想打造一个流量大、销量高的品牌淘宝网店最重要的就是营销，因为只有营销才能带来源源不断的流量。在营销中最重要的是会员营销，因为流量是不确定的，只有会员才能成为店铺最忠实的客户。

6.4.1 会员营销三部曲

卖家应该都知道会员营销最终的目的就是为了让客户在自己的淘宝网店购买商品，从而提升店铺的销量，并让客户持续这种购买行为，为卖家的淘宝网店带来持续的流量和固定的销量。这里我们具体来说说淘宝会员营销三部曲。

1. 持续性贴心提醒服务

许多淘宝网店会将下订单成功信息、付款成功信息，以及物流信息，都通过短信形式发送给客户；而对于休眠期的会员，可以通过节假日祝福和关怀等方式与其进行互动。如果卖家能够持续保持这样做，一般都会达成营销目的。因为对于客户来说，定期或不定期互动都会使客户产生购买需求，而卖家如能及时或恰好出现，便能达到最大的营销目的。

2. 精准营销活动

当店铺有了一定的会员，一定要做针对会员的精准营销活动，不论是周年庆，还是“双十一”、新品上市，卖家一定要给老会员以最大的优惠。精准营销不是广撒网式的营销，卖家要知道哪些会员适合，因为会员们的消费水平各不一样。比如某个店铺的活动主题是，单笔消费满 100 元包邮，这就需要卖家找到消费在 100 元以上的客户，如果有的会员购物从没超过 100 元，那么他们就对这个活动不感兴趣。当然 100 元包邮这个营销活动也可能会带动消费不足 100 元的客户增加购买。总之精准营销一定要明确目的，并且最终达到目的。

3. 主动思维营销

主动思维营销就是卖家应抓住部分群体会员进行特别的营销活动。例如在会员中可能有上班族，也可能有家庭主妇，也许还有大学生群体。不同的群体对商品需求以及购买力都不一样，我们还拿包邮活动举例子，学生购买能力肯定比不上上班族，所以针对学生的活动一定要以促销和实惠为主。

【案例】博硕图书淘宝网店针对学生群体设置了买 3 送 1 的活动，同时还特意设置了买 3 送 1 专区，在这个区域，所有的图书都可以享受买 3 送 1 的优惠（见图 6-11）。

图 6-11　买 3 送 1 专区

图 6-12　针对二年级该群体的活动

图 6-12 这种营销方式便是针对某一群体做的实惠营销。因为是二年级阅读训练，也就只能是二年级的小朋友购买，这样便能迅速将这一群体的会员吸引过来，也让我们更了解客户，为以后精准营销做基础。只要卖家能掌握会员营销三部曲，便能够成功保持会员黏性。

6.4.2 会员营销的四个维度

淘宝会员营销分为四个维度：会员等级分析、会员交易时间分析、会员交易额分析、会员交易量分析。如果卖家能够把握好这四个维度，会员营销便能够实现卖家的营销目标。在竞争激烈的淘宝市场，只有掌握主动权才能够成为赢家，下面我们来详细介绍淘宝会员营销的四个维度。

1. 会员等级分析

会员等级可以按照不同的维度去分类，这种等级分析只是为了提高会员的黏性和忠诚度，并以此提高店铺的转化率和竞争力。卖家可以分析店铺中会员的消费能力，如果普通消费水平的会员比较多，那么卖家就可以将普通会员的折扣力度加大，以此维护普通会员忠诚度，并使其转化为高级会员。

2. 会员交易时间分析

每个会员购买商品的时间是不一样的，卖家可以通过不同时间段的交易额分析会员消费时间点，以此了解他们的需求，进而在最有效的时间进行推广，促进会员购买。另外因为在时间节点上有淡季和旺季之分，卖家可以多关注旺季畅销的商品，并且在淡季多使用促销活动刺激会员消费，提升淡季交易量。

【案例】拽拽的淘宝网店在2016年冬季推出一款夏季的凉拖，原价62元，淡季促销价格为9.5元并且免邮费，虽然商品价格不高，促进销量并没有给店铺带来太大的收益，但是却给了店铺的会员、老会员一次互动的机会和实惠（见图6-13）。

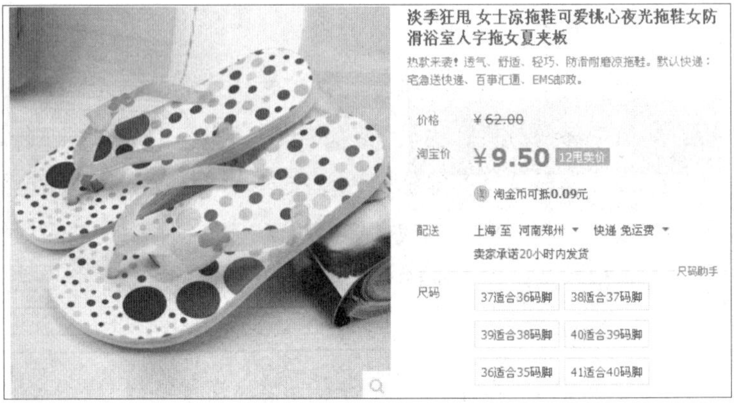

图 6-13 拽拽的淘宝网店淡季促销吸引销量

3. 会员交易额分析

每位会员的交易额肯定各不相同，卖家需要把交易额相近的会员选取出来，分成一组，当所有会员的消费水平在一条水平线上时，卖家可以据此专门推送商品，这样就能保证所有会员都有可能购买这个商品，不会再在价格上犹豫，从而提高商品销量。

4. 会员交易量分析

通过分析会员交易额的不同，卖家可以设置不同的折扣信息及促销手段，通过会员交易量的分析可以更精准地了解会员的消费习惯。如果能够了解这些，卖家就能够更有效地进行营销。

卖家进行会员营销需要多了解会员的各种信息，知己知彼才能百战不殆，了解会员越详细，越能制定出让会员接受概率更大的营销政策，这样提升会员交易额便不成问题。

第7章

如何选择物流和策划包装

卖家选择靠谱的物流和快递公司合作，会为客户提供良好的购物体验。许多淘宝卖家都有这样的经历，因为物流慢，结果被客户给了中差评，因此影响下期金牌卖家的延续，有点得不偿失。本章我们将为卖家们讲述如何选择靠谱的物流，在提升客户体验的前提下节省成本。

7.1 淘宝物流种类及延迟发货

淘宝卖家可以根据自己发货的商品类型和客户的地址来选择最合适、成本最低、效率最高的物流。另外需要注意的是，如果延迟发货，可能会需要卖家支付赔偿金，所以卖家一定要谨慎操作。

7.1.1 淘宝物流的种类

作为淘宝卖家，发货应该是最熟悉的工作，因为发货的数量和销售量成正比。那么如何利用发货这项工作帮助店铺提升销量和信誉呢？一般来说，在卖家的店铺有商品卖出后卖家需要为客户发货，这个时候需要卖家选择发货所用的物流种类。

一般物流种类有平邮和快递，而快递则包括有普通快递和EMS 快递以及宅急送。

1. 平邮

平邮就是普通邮政，这个发货方式周期比较长，由于速度慢，对卖家来说不能使客户获得好的体验，目前很少有卖家会用这种方式。不过招商银行信用卡网上商城会用这个，因为平邮虽然慢，但是便宜。如果是卖书或其他不是特别必需的商品，发货的时候卖家多跟客户沟通，也可以考虑用平邮。

2. 快递

快递公司有很多，包括申通、圆通、顺丰、韵达等，这些都是目前淘宝卖家最常用的，并且能保证 3~5 天内将货品送达。

3. EMS

EMS 是中国邮政提供的一项快递业务，覆盖范围比较广，一般偏远的地区都能送达，但是价格贵一些。对于卖家来说可能成本较高。如果偏远地区客户不多，不建议使用。

4. 宅急送

宅急送的优点是比较快，全程飞机运送，不过比较贵，卖家可以在客户有特别要求时选用，一般需要加钱。

很多淘宝卖家都会利用包邮来吸引客户；当然也有客户消费满一定金额才包邮的；还有一种是不包邮，但是很多客户会在购买时不直接下单，而是通过旺旺跟卖家交流，希望包邮或优惠，面对这样的客户，卖家可以选择给他包邮，因为一般有过沟通的客户比较容易进行复购，也会成为店铺的老客户。

送货上门。很多淘宝网店如果规模不是特别大，买家又在同城的话会由店主送货上门，这样成本比较低，邮费也不用付，不过前提是在店主有时间的情况下。

7.1.2 延迟发货的损失

延迟发货会有很多种情况，有些情况是因为卖家在描述中没有将详细的发货时间告诉买家，而买家付款后卖家也没有在 72 小时内完成发货；或者是卖家直接告诉买家不能保证在 72 小时内发货（比如适逢“双十一”，在比较忙碌的情况下，发货都可能会延迟）。

但是淘宝网对延迟发货的时间是有规定的，卖家在买家付款后原则上都应该在 72 小时内发货，否则淘宝网会认为该淘宝网店妨碍了买家高效购物的权益，对卖家处以扣三分的处罚，并且卖家还要向买家赔偿该商品实际成交金额的百分之五（不过最高的赔偿金额不超过 30 元）。

对于卖家来说，既然淘宝设置延迟发货会有赔偿金，就一定要注意不能延迟发货，因为对于很多中小卖家来说，任何一项支出成本，都是对利润的降低。

淘宝网之所以规定卖家必须在 72 小时内发货，是因为在淘宝网进行的测试中所有卖家都能够在 72 小时内完成发货，所以淘宝网制定了这项规定，也是为了提高买家在淘宝网的高效购物体验。

作为卖家应及时处理每一个订单，这样在自身没有损失的情况下，还可以让客户获得高效购物体验，更有助于留住客户，把新客户培养成为老客户。

7.2 商品包装有学问

商品大同小异，客户喜爱上一家店铺，往往并不一定是因为某件商品，而是很容易因为一些小细节喜欢上一家店铺。对于店铺来说，在商品包装上下功夫，往往也能起到不小的成效，助其提升销量，吸引流量。

7.2.1 不同商品的包装方法

很多淘宝卖家都有一个误区：只注重售前服务，而忽略售后服务。如果售前和销量有关的话，其实售后更与销量相关，因为售后服务决定着店铺的复购率和客户口碑。这也是为何我们专门花一个章节来讲物流、售后、包装的原因。这些对于淘宝卖家来说，和推广、营销一样重要。

那什么样的包装才能让客户眼前一亮，愿意再次在某一家店铺购买商品呢？一般来说包装除了实用外，还要美观、甚至有创意、有亮点，这样才能让客户感受到卖家的用心。下面我们就针对不同商品的不同包装方法进行讲解。

1. 衣服、包包、鞋子等服装类

这些商品比较容易在运输的过程中弄脏，所以一定要在包装上花心思。首先要在里面加一层塑料袋，保证商品不被弄脏，然后再包外包装。外包装可以是卖家购买的纸箱包装，也可以是卖家自己做的一些带有店铺 Logo 的袋子或包装箱，这个可以根据店铺自身来进行选择（见图 7-1）。

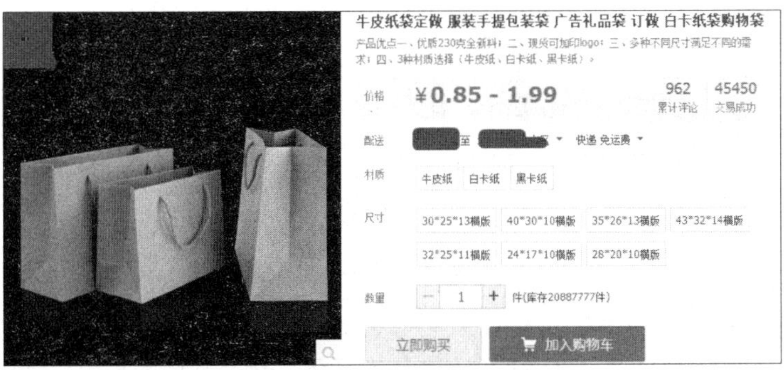

图 7-1　可在淘宝进行定制

2. 香水、化妆水等液体类商品

因为液体容易外漏，所以物流公司对于这类物品也会特别包装。邮政则规定要用胶带将瓶口封住，以免流出的液体再污染了其他人的商品。包装瓶装液体，卖家可以到五金店买来专门用于包装的汽泡纸，多给商品缠上几层，再用透明胶带封住，不仅防漏，而且防震。之后卖家在将包好的商品装进外包装纸箱或纸盒的同时，可以再塞进去一些报纸等物品防止空隙震荡。相信买家收到商品后一定会很感动的（见图 7-2）。

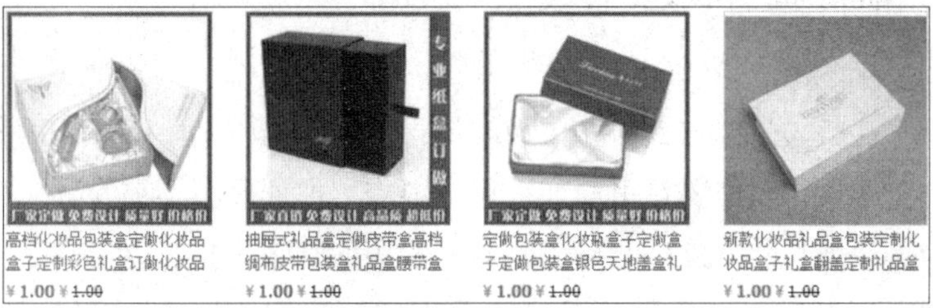

图 7-2　可以在淘宝上搜索定制香水包装

3. 易碎品

如果卖家卖的是玻璃、陶瓷等易碎商品，包装更需要特别注意，不仅要防止商品破碎，还要防止商品和商品之间的摩擦损害商品，所以易碎品的包装更需要用气泡纸、报纸、泡沫、纸箱、胶带等多种包装材料。为了防止宝贝互相摩擦，卖家还需要将商品进行单件包装，然后再放进大包装箱，里面塞上揉成团的报纸防止空隙震荡，最后用胶带封好。

有经验的淘宝卖家在包装商品之余，都会专门在包装上印制自己店铺的 Logo 及店铺名称或网址，这样在体现自己服务的同时，也做了二次营销。只要卖家愿意花心思，商品包装轻松就能完胜其他卖家。

7.2.2 包装材料的种类

成功利用包装打动买家的卖家，一定是在包装细节上下功夫的。包装商品需要注意两点，一点是包装的完整性，另一点是包装的超值性。

1. 完整性

完整性就是让客户感觉实物和商品的描述一样，重量、规格、颜色等都很完整。例如客户购买的是化妆品，一定要有说明书，特别是一些进口商品，都是英文或者韩文，客户可能看不懂，如果没有附带的中文说明书，可能会让客户觉得卖家不够细心。

2. 超值性

这个比较容易理解。当客户收到商品后，如果包装能够出乎客户的意料，客户一定会感到惊喜。这个也不仅仅体现在包装本身，可以使客户在打开包装的时候，看到包装内的一些小惊喜，例如一个免费赠送的小礼品等。当然包装材料的档次高对客户来说也是超值的，包装往往决定着商品的档次，如果包装好，那么客户往往对商品也有信心。

说到外包装，这里我们罗列出淘宝卖家在寄送货品的时候常用的几种外包装材料：

1. 纸箱

纸箱是最普遍的一种包装，它的优点是安全性强，可以非常有效地保护商品，卖家只要在里面填充一些被揉皱的报纸来缓冲冲撞带来的破损，就可以了。不过如果是大件物品，纸箱比较重，会增加商品重量，相应运费也会增加（见图 7-3）。

图 7-3　可定制纸箱包装

2. 布袋或编织袋

很多淘宝卖家在寄送如棉被、家纺等商品时会使用编织袋，这种包装材料比较轻，可以节省成本，但是对商品的保护性不太好，所以也只能用于不怕摔、压的柔软类商品（见图 7-4）。

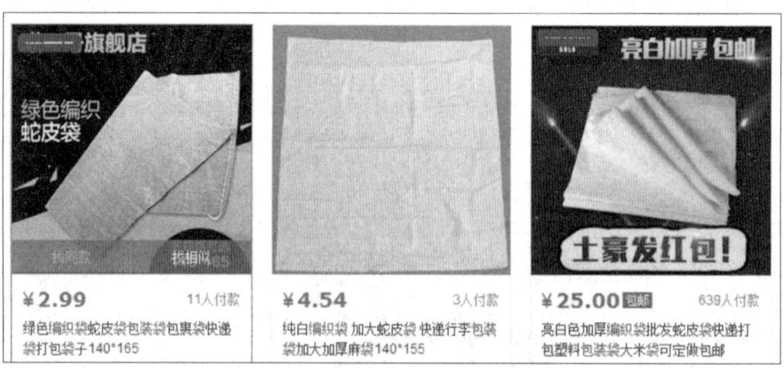

图 7-4　市场常见的编织袋

3. 牛皮纸

牛皮纸比较复古，本身比较个性化，卖家如果能够包装好，对客户来说可能是一个惊喜。但是牛皮纸防挤压性较差，比较适用于本身有硬质外包装、体积不太大的商品。例如，书籍就可以用牛皮纸进行包装，然后叫来快递直接封装送出即可。

一般淘宝卖家都会用纸箱、编织袋、牛皮纸等包装商品，而在包装之外，在外包装内的填充物也需要说明。有些易碎物品需要在纸箱内填充空隙，最常见的是泡沫和废报纸。这里包括两种，一种是经济实惠，另一种是美观好看，如果卖家想要填充物经济实惠，可以直接用废旧报纸揉皱塞进纸箱，如果想要美观就用泡沫。总之，如何选择，需要根据卖家自身经济实力和要求。如果是一些利润小、时间充足的中小卖家，可以选择比较经济实用的材料。

7.3　如何选择靠谱的物流

前面我们介绍了物流的种类，那么在卖家了解了各家物流公司后，就需要选择一家靠谱的物流公司进行长期合作。因为选择一家靠谱的物流公司决定着店铺在客户中的口碑。

7.3.1　六招教你如何选择快递公司

选择一家靠谱的物流公司，可以说是决定一个淘宝网店能否顺利经营的条件之一。毕竟物流和买家是淘宝的两个核心。选择好的物流进行合作能够让卖家商品的发货时间、安全性都有保障。这里我们介绍如何选择快递公司，才能让各位淘宝卖家少走弯路，避免损失。

关于如何选择淘宝物流，我们有六个建议：

1. 尽量选择分公司拓展方式的快递公司

顺丰、宅急送为何虽然贵但是却受欢迎？因为这两家快递公司都是通过分公司来扩展快递网络的，虽然发展得比较慢，但是一步一个脚印，非常注重服务，注重客户的体验。另外因为是分公司，每家公司都是自己的子公司，管理方式比较规范。所以卖家选择这样的快递比较放心。相反，选择加盟方式的快递公司则相对没有分公司的方式靠谱，因为很多加盟的公司并没有品牌概念，所以可能很多总公司的服务标准、管理流程执行起来没那么严格。加盟的公司往往更看重赚钱，所以如果卖家有条件，可优先选择分公司方式的快递公司。

2. 选择本地快递公司比外地快递公司更靠谱

很多快递公司都比较注重公司在本地的信誉，因为本地是大本营，自然重视口碑打造。本地经过正规注册规模较大的快递公司，取件效率会很高，索赔也不用费周折。

3. 一定要选择正规注册的快递公司

很多快递公司本身就是违规进行业务的，卖家在选择快递公司合作时一定要避开这部分不正规的快递公司，不论条件怎么好，一定不要合作，因为合作前允诺得再好，万一商品在途中出现什么问题，可能无法索赔，没有保障，后悔也为时已晚，所以卖家千万要选择正规注册的快递公司合作。

4. 选择网点多的快递公司

毋庸置疑，卖家在淘宝卖货，客户遍布大江南北，如果合作的快递公司网点不多，那么很多客户的商品送不过去就比较麻烦。不过也有的淘宝卖家会一次合作多家快递公司，但是如果一家可以解决所有问题，卖家完全不用这样麻烦，直接选择网点遍布多的快递公司即可。

5. 选择用靠谱取件工具的快递公司

我们知道的很多快递公司会用货车取货，当然也有用电动车、自行车取件的快递公司。卖家一般会选择货车取货的公司，比较正规，一看就是实力比较强的公司。但是如果店铺出货量少，一次只发一两件物品，那么快递人员用电动车来取件也是正常的。这方面需要卖家自己来选择。一般按照前面提到的四个建议选择就可以了。

6. 快递单上的条形码一定要注意

如果快递单上的条形码印刷得不清楚或者会出现错码等状况，卖家就要考虑是否还要与这家快递公司合作下去。条码不清楚会导致难以扫描，这个问题还可以忽略，仅仅是降低了效率，但是一旦出现错码，就会造成扫描出来的数字和印刷出来的数字不符，进而导致商品因为对不上号而寄错或者丢失。卖家在选择合作快递公司的时候，一定要注意条形码印刷得是否清楚、规范。申通快递对条形码要求非常严格，印刷公司如果印错或重码就会被罚款一万元。而我们也要尽量选择这种对条形码要求严格的快递公司进行合作，因为他们的严格管理就是为我们提供最优质的服务。

如果卖家能够按照以上六项建议对合作快递公司进行选择，一般不会出现大错。

7.3.2 和快递员打交道事半功倍

当卖家选择了很好的快递公司，能保证订单的索赔以及发货服务的同时，最重要的其实在最后一个环节，即帮卖家发货的快递员。所以和快递员搞好关系对淘宝卖家来说也是一件重要的事情。

快递员月薪万元的新闻时有报道，这也意味着快递员不缺客户，他们非常忙，所以很可能出现因为忙而误点的事情。因此，卖家和快递员搞好关系就显得很重要了。

如何与快递员搞好关系？夏天的一杯冰水，冬天的一杯暖茶都能让快递员感受到你的善意，当你们熟悉后，甚至还可以换来友谊。这样快递员会在你需要发货的时候，优先来收取你的快递。这样也能够提前把客户的货发过去，更容易获得客户的物流好评。

那么除此之外，跟快递员搞好关系，还会有一些其他意想不到的优惠。

1. 打折

多数卖家都知道许多快递公司在与卖家合作时间达到某一长度后，会给予卖家会员价，月结算或年结算，这样还能有优惠。其实快递员自己也有控制价格的权力，所以如果和快递员搞好关系，卖家或许可以享受到比快递公司提供的价格更优惠的价格。

2. 帮忙打包

很多快递员在来收快递的时候会让卖家打好包，但如果货品多的话快递员会主动帮卖家打包，关系好还可以帮卖家搬货。这样对淘宝女店主们来说，是非常方便的事情。

3. 包装

很多快递员比较有经验，特别是易碎品，如果卖家自己包装得不够好，快递员会提醒卖家，甚至帮卖家重新包装好。因为包装比较费事花时间，所以可能需要和快递员有很好的关系，他才会愿意帮你。使用适合的包装保护商品，也省去了卖家的麻烦。

很多时候卖家只要和快递员保持良好关系就能够事半功倍，快递员愿意帮卖家用心送货的同时，卖家自己的心情也会很愉快，所以和快递员搞好关系是每一位合格淘宝卖家都应该做的。

第8章

提升售前售后服务质量，打造金牌卖家口碑

售前决定着客户是否会购买，而售后则决定着淘宝网店的口碑以及复购率，所以售前和售后对于淘宝卖家来说同样重要。本章主要针对淘宝售前售后技巧及沟通方法做一个阐述。

8.1 售前客服与客户沟通的技巧

平时我们去购物，如果店里服务员比较热情，我们可能会多逛会儿，如果爱答不理，那么我们可能立刻就离开了。所以对于淘宝客服来说，对来访客户热情便是最好的沟通技巧，只有让客户感受到卖家热情，才能提升成交率。

8.1.1 让客户感受到服务的热情

在淘宝上购物，客户和卖家是无法见面的，所以能否让客户购买，就取决于客服能否让客户感到信任，以及客户能否感受到客服的热情。所以作为一名在线客服，一定要表现出热情的一面，这就需要用到聊天表情。

比如，客服用旺旺聊天，可以多发一些表情。善于使用表情会让话语显得更加生动。比如客服在说“你好”的时候，可以加上一个笑脸，这样比单独一句“你好”更能让客户感到亲切。而在聊天过程中，也可以多加入“啊”“嘿嘿”等语气助词，让客户更多地感受到客服的热情。

另外，也可以多用叠字，例如回复客户时“嗯”字，可以打成“嗯嗯”，“请稍等”可以回复为“请稍等哟”。加入语气助词可以让客户觉得客服更愿意提供服务。客户的心情也会很好，有助于达成交易（见图 8-1）。

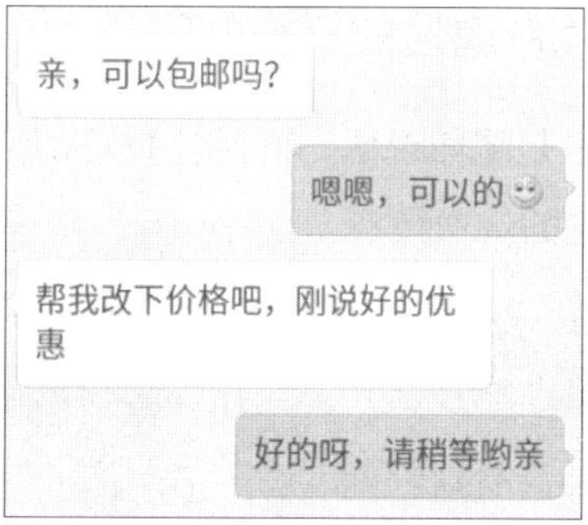

图 8-1　和客户聊天中多用叠字及语气助词

当然，客服在客户离开的时候也一定要多说几句话，不能让客户感到客服的冷淡。如果客户是因为价格没有谈好而离开，客服可以告诉她“亲，可以等活动的时候再购买呀，到时候我会通知你的”，这样也能为店铺留住一个潜在客户。

客服在聊天过程中让客户觉得热情、贴心，都能够使客户感受到客服的真诚。另外还需要注意的一点是，一定要如实向客户描述商品，不能为提升销量而夸大其词，因为最后客户都需要买回去，真诚比什么都重要。即使是客户相中的某一个商品有些小瑕疵，客服也要真诚地告诉他们事实，因为真诚就意味着减少麻烦，减少麻烦则意味着为客户提供更好的购物体验。只有对待客户真诚，才会收获客户的真诚。如果客服愿意把商品的小瑕疵坦白的告诉客户，也许客户多数不会在意，仍然愿意购买，但是如果不告诉客户，那么客户则可能退货甚至给差评，差评多了会影响卖家的金牌卖家资质，所以作为一个一心要持续保有金牌卖家资质的卖家来说，一定要真诚对待客户，才能获得更多好评。

8.1.2　与客户沟通的三个技巧

和客户沟通不是随便说话，而是有技巧的沟通，这里我们给大家展示三个常用的沟通技巧。

1. 沟通要及时

所谓及时就是不要让客户等。比如客户第一次来店铺，等了很长时间，客服都没有任何回复，或者只有一个自动回复，那么客户可能就离开了。作为专业的淘宝卖家，一定要保证客服随时在线，只要有客户咨询，要保证第一时间回复，即使是一句简单的“你好，欢迎光临”，也能够让客户感受到店铺的专业。这里还有一个小技巧，即自动回复。虽然说打字速度也是考核一个客服的标准，但是即使打字快也没必要每个字都再打，可以把常用的话语设置为自动回复，这样就省去了每次都重新打的麻烦，回复速度加快了，更能让客户感受到店铺对他的重视（见图 8-2）。

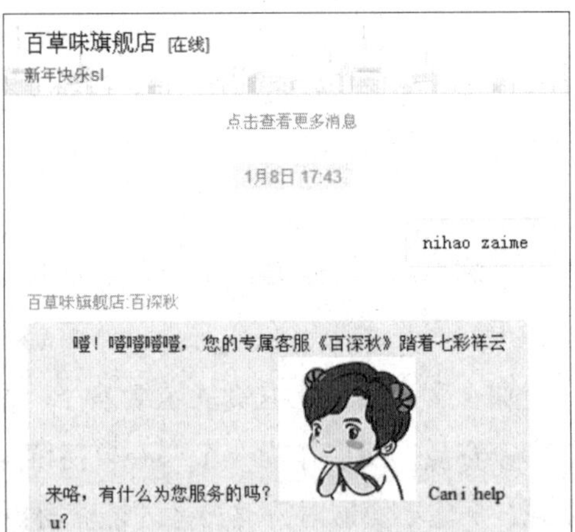

图 8-2　百草味旗舰店自动回复

2. 沟通过程中多关注客户

很多客服就像例行功课一样，客户问一句就答一句，客户不问就不答。其实一个优秀的客服应该主动多关注客户，甚至在客户没有问问题的情况下，提前为客户介绍商品。一些新手客户根本不会去看商品详情页，她们嫌麻烦，所以更希望能够听听客服的介绍或意见。例如某店铺卖的是服装，当客户就一个衣服来跟客服沟通的时候，客服一定要主动为客户介绍衣服的质地、做工、价格等。当然也可能客户没问，但是因为在淘宝购物的客户见不到真实商品，而客户往往是非常关注这些的，如果客服能够做到关注客户，就应该关注到客户所关心的，主动为她们讲解。

3. 沟通的专业性

所谓沟通的专业性分为两方面，一方面是礼貌态度方面的专业性；另一方面是商品的专业性。客服在态度上一定要有良好的修养，对客户要多用敬语，例如“您”，而不是“你”，这样能很好地体现客服的良好品德，表达对买家尊重的同时也能显示出客服的专业；对商品的专业也同样重要，主要体现在客户咨询商品的相关信息时，要清楚地帮客户认识商品的性能、优势等，这同时也是推销的过程。所以对于客服来说，这两点尤为重要。

沟通是一个相互的过程，作为卖家一方，客服更应该主动，除了以上三点外，成交后客服也不应忘记沟通的礼貌。不能把客户晾在那儿，可以跟客户确认一下地址、联络方式。当然一般客户都不会填错，但是重新确认一下却显示出客服的细心、体贴和专业。

8.1.3 绩效考核激励客服主动性

前方没有胡萝卜，驴子拉磨则会偷懒。胡萝卜对于员工来说是最好的激励。所以客服对客户的态度往往取决于卖家对客服的激励手段。

一家淘宝网店，人数最多的职位就是客服，客服可以说是淘宝网店的中坚力量，同时也决定着淘宝网店的销售额，所以作为与客户沟通最主要的环节，客服对店铺工作的满意度非常重要。因为只有客服对店铺的满意度提升，她们的工作才能更好地完成，从而更好地服务客户。

很多卖家为了激励客服，会设置不同的考核标准和激励政策，根据店铺发展的不同阶段，制定不同的政策。一般对于刚开业的淘宝网店，比较重视销售额，这个时候管理也不是特别规范，对于客服的要求是只要能成交就可以；而到中后期，淘宝网店发展到一定程度，就开始重视服务、重视品牌，这个时候对于客服的考核也开始系统化，这里我们介绍三种最常见的客服考核方式。

1. 按业绩分发提成

提成这个激励方法一般分为两种，一种是固定提成法，这里按照一个月举例，一个月无论销售额多少，固定给客服提成，一般是销售额的0.5%~1%；另一种则是除了个人的提成外，还会有团队提成，例如月团队销售目标完成会有奖励，个人目标达成也会有奖励，并且还设置了超额奖励。前者比较适合中小淘宝网店，后者则比较适合规模较大的淘宝网店。

2. 指标量化法

量化是指店铺的销售额、访客转化率、回复率、好评率等指标，都进行良好，卖家通过这些指标对客服进行奖励，这种方式比较适合发展到一定规模的淘宝网店。

3. 内部竞争排序法

这种方法是针对淘宝网店的所有客服，进行每月评选，评选标准可以根据销售额、转化率等制定，然后设置第一名、第二名、第三名不同的奖励标准。这样客服为了拿到更高的奖励，就会努力增加自己的销售额或转化率（见表8-1）。

表8-1　内部竞争排序法

	销售额排名	销售额加分	询单转化率排名	询单转化率加分	总加分	奖金
客服A	1	10	1	5	15	1500
客服B	2	8	3	3	11	1100
客服C	3	6	2	4	10	1000

当然以上三种是淘宝网店最常见的激励方式，卖家实际操作中要根据各自店铺不同情况进行激励，找到最适合自己的，也可以将多个方法结合起来对客服进行激励。

8.2　如何正确对待客户退换货

退换货是淘宝网店不可避免的，有时候是因为商品问题，这种情况只能进行退货；另一种是客户的原因，可能客户收到货后发现没那么喜欢了，或是号大了、小了，想退换货，那么卖家应如何对待客户退换货呢？本节主要针对这一问题，提出解决方法。

8.2.1 积极心态对待客户退换货

淘宝网店支持“七天无理由退货”，所以淘宝网店一直都承担着随时被退货的风险，比实体店铺还“严重”。实体店铺客户买走一件商品一般是因为真心喜欢，并且看了货，所以一般不太存在退货问题。但是淘宝购物，因为客户没有见到实物，收到后很可能会不喜欢，所以退货的原因也是千奇百怪，但是淘宝卖家无奈只能退货。

【案例】某淘宝网店是卖鞋子的，客户收到了购买的鞋子后，说鞋子小了，要更换一个大一码的，淘宝店主就同意了，但是这位客户要求来回运费都由店主掏。店主自然不愿意，因为鞋子不是属于质量问题，所以需要买家自理运费。但是想到为了好评，运费也不贵，卖家就自己掏了。结果这位买家再次收到鞋子后说换过后的鞋子还是小，还需要换，店主又同意了，但是问题是这次换过的鞋子用户穿了一天了，淘宝店主就不同意再换了，已经穿过了怎么能退换？然而客户坚持要退，并且还说要给差评。

面对这种问题怎么办？很多淘宝卖家为了好评和不被中差评，只好满足客户的要求，进行退货，但是其实万事好沟通，卖家可以打电话给客户晓之以情，一般明事理的客户都能接受。

【案例】一位客户收到货后不太满意就给淘宝店主说想退货，

这位淘宝店主二话没说就答应了，还主动说自己承担运费。结果店主的直爽倒感染了客户，她退货后又重新在该淘宝店购买了两件其他商品，并且愉快地成交了，后来客户还给淘宝店主说，挺喜欢店主这种直爽、不斤斤计较的性格，以后还会常来购物。

因为客户的行为卖家不可控制，所以卖家只能保持自己的积极心态，尽量满足客户要求，但同时也要保证自己的利润。如果像第一个案例中的客户退换两次，不仅要求店家承担运费，并且在鞋子穿过了的情况下还依然要退货，就一定要据理力争。当然最好的解决办法是电话沟通，不要太激烈，避免差评就是一定不能和客户生气。要用积极心态去解决。另外被给差评也可以打电话给客户，客户一般都会理解，只要卖家作出解释她也会取消差评的。

8.2.2　客户说商品和图片不同怎么办

客户退换货的问题，只要卖家继续做淘宝网店，就不可避免。当然虽然淘宝支持7天无条件退换货保证客户的利益，但对卖家来说，面对客户退换货无奇不有的理由，也可以做自己的坚持，比如不是质量问题不退换，或者把话说在前面，比如有些图片和现实中的商品是有差距的，可不可以提前给客户说明呢？

作为服务者，卖家更应该理解客户的想法，客户购买商品，说明她喜欢这个商品，如果商品令她很满意，自然没有退换货一说，而且客户还会给商品和店铺好评，但是客户选择退货，这就说明卖家的商品没有满足她的需求，这个时候卖家需要做的是弄清楚客户退换货的原因，只有知道原因，才能对症下药，帮客户解决问题。

一般当客户告诉客服想退换货时，客服要积极倾听客户的诉说，良好的态度能够缓解客户的情绪，当客服弄清楚客户退货的原因后，要第一时间表达歉意，并提出解决办法。如果能够和谐解决当然最好，比如如果商品有一些无伤大雅的小瑕疵，可以询问客户能否退给她一些费用，让她去修修。如果客户坚持要退换货，这个时候也要尊重客户的意见。

退换货也意味着新的成交，如果在处理退换货的时候卖家的态度好一些，那么客户可能会对店铺更加信任，下一次购买可能还会在这里买，同时客户也会出于信任把这件事告诉她的朋友，那么对卖家店铺的口碑传播也有很大的帮助，甚至会直接带来订单。

有些客户退换货的原因是抱怨商品和图片不一致。如果卖家在客户购买商品前没有给她解释这个原因，那么该怎么办呢?

遇到这种问题只有事后解释。大多数时候照片加后期的简单修图，都会让照片和实际商品有误差，最大的误差就是颜色，所以如果客户能够理解颜色存在误差是正常的，一般能够接受。买家秀和卖家秀完全不一样（见图 8-3 和图 8-4），是因为卖家修图一般会调色，图中商品比原商品颜色亮一点是正常的，卖家应向客户解释。

图 8-3　卖家秀是这样的

图 8-4　买家秀是这样的

最好的解决办法就是卖家在事前就避免这种情况的发生。在买家咨询的同时，客服就要提前把实物图发送给客户，让客户对商品有更多的了解对于卖家来说是非常重要的事情，这样能够避免很多不必要的麻烦。

8.3　淘宝网店的信誉如何提升

作为淘宝网店的经营者，卖家自然很注重淘宝网店的信誉，因为信誉决定着客户是否对店铺信赖，并且信誉也直接决定着店铺能否申请金牌卖家。那么如何提升信誉呢？本节就来详细聊聊这个问题。

8.3.1　新手如何提升信誉

一个淘宝网店的信誉很重要，但信誉是靠成交量来决定的，一个淘宝网店成交量越多，那么好评也就越多，相应的信誉也就越高。对于一个初入淘宝市场的新手卖家来说，刚开店，客户少，没人买，所以信誉也没有，这个时候就进入了死循环，如何才能提高信誉呢?

最好的办法就是老老实实卖东西，只有把商品卖出去了，日积月累信誉就自然提升了。我们只能告诉你如何更好地把东西卖出去，而不是一些投机取巧的刷钻方法。

前面章节已经详细说过如何提升店铺销量，无非是选择好的商品、装修店铺、适当推广，这样才能赢得买家的信任，只要卖家坚持下去，店铺竞争力就会逐步提升。

当然最主要的还是要有稳定可靠的货源。卖家都知道货源的重要性，货源是基础也是根本，良好稳定的货源是网店成功的前提，更是店铺在淘宝竞争中的砝码，只要你能够有好的货源，能够为客户提供良好的服务和商品，信誉自然就提升了。

另外店铺装修也能获得好的信誉，好的店铺就是一张通往成功的名片，会给卖家带来直接的成交，店铺装修也是体现店铺竞争力的内在因素。

8.3.2 积极沟通获得好评

获得客户的好评是卖家提升信誉最快的办法之一，如果店铺有订单，卖家就一定要积极和客户沟通，尽量获得客户的好评，这里我们介绍几种方法，可以让客户给卖家好评。

1. 先给客户评价

当客户确认收货后，卖家可以主动去给客户进行好评，因为只有评价过客户后才能看到客户对自己的评价，如果看到客户给自己中差评，就要和客户沟通。卖家可以先找出和客户的聊天记录，一般这里面会找到客户不满意的原因，然后根据聊天记录推断客户是个什么性格的人，如果旺旺在线，可以与其通过旺旺沟通，或者直接电话沟通，电话沟通时要先告诉客户自己的处境和问题，然后诚恳地请求对方理解，如果对方有损失，自愿承诺可以弥补，一般都可以说服对方把差评去掉。

2. 防患于未然

有时候沟通解决不了问题，客户执意要给中差评，那么为了避免下一次客户依然因此给差评，卖家就要进行改正，防患于未然。服务态度要好，客户咨询时，回复速度要快，不能让客户久等，因为如果让客户久等，即使最后客户下单了，购买后也可能会因为服务态度问题而给差评。另外当客户怕商品穿着不合适的时候，卖家要提醒客户购买运费险（一般都是赠送），否则到时候客户要退货，因为谁付运费的问题沟通不畅也可能会被客户给差评。卖家只有做好准备，提前把客户可能不满意的问题都解决，才能最大程度上避免中差评（见图 8-5）。

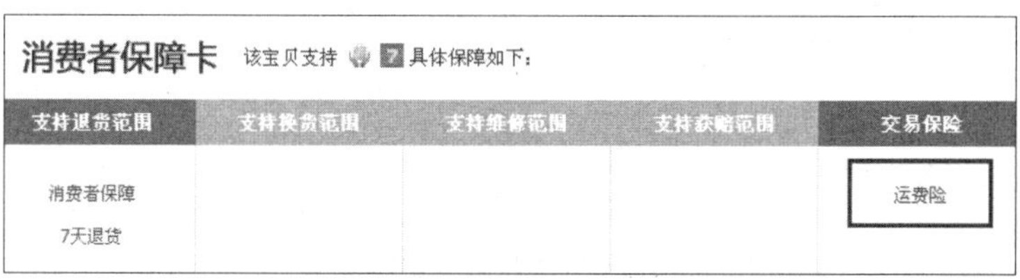

图 8-5　在客户下单时提醒客户勾选运费险

3. 售后也不能怠慢客户

很多客户购买商品后给了好评，但是如果商品用了不长时间就出现问题了，这个时候客户要求退换货，客服也不能不闻不问，而要勇于承担责任。如果是质量问题，能拿到厂家进行退货的商品就帮客户退，不能因为怕麻烦而怠慢客户，因为客户在购买后，还有一次追加评论的机会，如果在售后对客户态度不好，也有可能获得中差评（见图 8-6）。

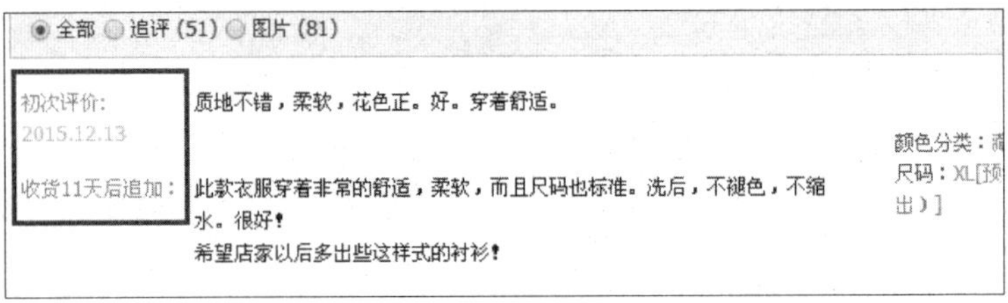

图 8-6　追加评论

除了以上三种外，还有一点需要卖家注意，就是快递的选择，因为快递的好坏，也决定着客户是否给商品和店铺中差评，所以选择好的快递公司也是重中之重，这个我们之前专门讲解过。卖家要避免客户给中差评，最重要的就是提升自己的服务和商品品质，只要让客户满意了，客户自然会给好评。